叢書・ウニベルシタス　999

解放された観客

ジャック・ランシエール
梶田 裕 訳

法政大学出版局

目次

凡例

一、本書は Jacques Rancière, *Le spectateur émancipé*, La Fabrique éditions, 2008 の翻訳である。

一、原文の « » は訳文では「 」とした。

一、原文のイタリック体は、それぞれの強調の性格に応じて、訳文では傍点を付すか、あるいは「 」で括った。

一、原注は数字を（ ）で括り、全体に番号を通した。

一、本文中の〔 〕は、訳者による補足および原語の指示に用いた。

解放された観客

解放された観客

この書物を書くきっかけとなったのは、数年前に受けたある依頼だった。その依頼は、私の著書『無知な教師』のなかで展開された思想に基づいて、芸術家を集めたアカデミーで行われる観客をめぐる会議の開会のスピーチをしてほしいというものだった。[1] この提案は、最初はいくらか困惑させるものだった。『無知な教師』は、ジョゼフ・ジャコトの奇抜な理論と特異な生涯を描いていた。ジャコトは、無知な者は無知な者に自分の知らないことを教えることができると主張し、知性の平等を宣言して、人民の教育に知性の解放を対立させたために、十九世紀初めに物議を醸したのだっ

（1）　第五回フランクフルト国際サマーアカデミー（二〇〇四年八月二十日）の開会のスピーチをしてほしいという招待を、私はスウェーデン出身のパフォーマーであり振付師でもあるモルテン・スポーンベリ〔Mårten Spångberg〕から受けた。

た。彼の思想は、その世紀のなかばにはすでに忘れ去られてしまった。私は、この思想を一九八〇年代に蘇らせることが、公立学校の目指すべき目的をめぐる議論の淀みのなかに知的平等の一石を投じるために有効であると考えたのだった。だが、ジャコトの芸術世界は、デモステネス、ラシーヌ、そしてプッサンといった名によって象徴されうるものである以上、彼の思考を現代の芸術的思索のなかでどう用いたらよいというのだろう。

だがよく考えてみると、知性の解放と今日における観客の問いとの間に明白な関係が全くないということは、好機でもあるように思われた。それは、演劇、パフォーマンス、そして観客をめぐる議論の大半に、ポストモダンの装いを纏ってさえ今なお通底している理論的かつ政治的な前提に対して、根本的に距離を取るためのいい機会となるかもしれない。だが、その関係を現われさせ、それに意味を与えるためには、芸術と政治の関係をめぐる議論の中心に観客の問いを据えている諸前提の網の目を復元しなければならなかった。つまり、演劇的なスペクタクルが含みもつ政治的な意味を判断することにわれわれが慣れてしまったことの根底にある、合理性の包括的なモデルを描いておく必要があった。私はここで演劇的なスペクタクルという表現を、寄り集まった公衆の前で身体に行為をさせるあらゆる形式のスペクタクル――劇行為、ダンス、パフォーマンス、パントマイム等々――を含めて用いている。

実のところ、演劇がその歴史を通じてさらされてきた数多くの批判は、ひとつの主要な公式に帰着させることができる。その公式を観客のパラドックスと呼ぶことにしよう。このパラドックスは、おそらく有名な役者のパラドックスよりも根源的なものであるだろう。それはごく単純に次のように言い表される。観客なしには演劇はない（たとえ、ディドロの『〔私生児をめぐる〕対話』のきっかけとなっている、『私生児』の架空の上演においてのように、ただひとりの隠れた観客であるとしても）。ところが、告発者たちが言うには、観客であることは二つの理由で悪しきことである。第一に、じっと見ることは知ることとは反対のことである。観客はある仮象の前に、それが生み出される過程、あるいはそれが覆い隠している現実を知ることのないままたたずんでいるのだ。第二に、じっと見ることは行動することとは反対のことである。観客は自分の場所から動くことがなく、受動的である。観客であること、それは同時に知る能力と行動する能力から切り離されていることなのだ。

この診断は、二つの異なる結論へと開かれている。最初の結論によれば、演劇は完全に悪しきものとされる。それは幻想と受動性の舞台なのであり、それが禁じているもの、すなわち認識と行為、認識するという行為と知によって導かれた行為のために、除去されなければならないのだ。これはかつてプラトンが下した結論である。演劇とは、無知な者たちが苦しむ人間たちを見るようにいざなわれる場である。演劇の舞台が提示するのは、ひとつのパトスのスペクタクルであり、ひとつの病の発現、欲望と苦痛の発現である。つまり、無知ゆえに生じる自己の分裂の発現である。演劇に固有の効果は、この病をもうひとつの病、幻影に魅了された眼差しの病を介して伝達することにある。演劇は、登場人物を苦しめる無知の病を、無知の装置によって、つまり幻想を受け取ることと受動的であることに眼差しを慣れさせる視覚装置によって伝達する。正義に適った共同体とは、したがって、演劇的な媒介を容認しない共同体であり、共同体を律する節度が、その構成員たちの実地の態度のなかで直接具現化されている共同体なのである。

この上なく論理的な推論ではある。とはいえ、それは演劇的ミメーシスの批判者たちが好んで用いた推論というわけではない。ほとんどの場合、彼らは前提の方はそのままにして結論だけを変更する。演劇と言えば観客の話になることが悪なのだ、と彼らは言う。彼らによれば、これがわれわれの知っている演劇、そしてわれわれの社会が自らの姿に似せて形作った演劇の堂々巡りである。だからわれわれには別の演劇、観客なき演劇が必要だということになる。誰もいない客席の前で行われる演劇ということではなく、演劇という語それ自体に含まれている受動的な視覚の関係が、ある別の関係に従属しているような演劇である。この別の関係は、舞台上で生じることを指し示すもうひとつの語、すなわち「ドラマ」という語に含まれている。ドラマは行為を意味する。演劇とは、動員すべき生きた身体たちと向き合った運動する身体たちによって、ひとつの行為が成し遂げられる場である。動員される身体たちが自分たちの能力を放棄してしまったということもありえるだろう。だがこの能力は、運動する身体たちのパフォーマンス、このパフォーマンスを作り上げる知性、そしてそれが生み出すエネルギーのなかで取り戻され、再活性化されるのである。この能動的な能力に基づいてこそ、新たな演劇、というよりはむしろその根源的な効力、その真の本質を取り戻した演劇を構築しなければならない。演劇の名を借りているスペクタクルは、この本質の堕落した姿を示しているに過ぎないからだ。観客なき演劇、立ち会う者たちがイメージによって魅了されるのではなく何かを学ぶ演劇、彼らが受動的な見物人ではなく能動的な参加者となる演劇が必要なのである。

この方向転換には二つの主要な形式があった。それらは、改革された演劇の実践と理論のなかでしばしば混ざり合っているとはいえ、その原理においては敵対するものである。最初の形式によると、仮象に魅惑され、共感——それが観客を舞台の登場人物に同一化させる——にとらえられた野次馬の愚鈍さから、観客を抜けださせなければならない。したがって、観客に提示されることになるのは、奇妙で突飛なスペクタクルであり、観客がその意味を探らなければならないような謎である。こうして、観客は受動的な観客としての立場を捨て、現象を観察しその原因を探る科学的調査官ないしは実験者の立場を取るように強いられる。あるいはまた、ひとつの模範的なジレンマ、行為の決断に踏み切る人間が直面する類のジレンマが、観客に差し出される。こうして観客は、理由を検討し、それについて議論し、果断に選択を行うための自分自身の感覚を研ぎ澄ますようになるのである。

第二の形式においては、推論のためにとられたこの距離こそが消去されなければならないとされる。観客は、差し出されるスペクタクルを平穏に検討する観察者の立場から引き抜かれなければならない。そして、スペクタクルを統御するという幻想を失って、演劇行為の魔法の円のなかに引き込まれなければならない。こうして、観客は理性的な観察者の特権と引き換えに、自らの完全な生命力を手中に収める存在の特権を得るのである。

以上が、それぞれブレヒトの叙事詩的演劇とアルトーの残酷演劇によって端的に示されている根本的な態度である。一方によれば、観客は距離をとらなければならず、他方によれば、観客はあらゆる距離を失わなければならない。一方によれば、観客はその眼差しを洗練させねばならず、他方によれば、じっと見る者の立場そのものを放棄しなければならない。現代における演劇改革の試みは、距離を置いた調査と生気にあふれた参加というこの二つの極の間で、それらの原理や効果を混ぜ合わせながらも、常に揺れ動いてきた。そして、演劇を消滅すべきものとしていた件の診断に基づいて、演劇を変容させるのだと主張した。したがって、そこでプラトンによる批判のモティーフのみならず、プラトンが演劇的悪に対立させた肯定的な処方までもが踏襲されているのを見ても、驚くにはあたらない。プラトンは、演劇の民主主義的で無知な共同体を、演劇とは異なる身体のパフォーマンスのうちに凝縮される、もうひとつの共同体によって置き換えようとした。そして演劇に舞踏術の共同体を対立させたのである。この共同体においては、何者も不動な観客にとどまることなく、各自が数学的な比率によって定められた共同体のリズムに応じて動かなければならない。そしてそのためには、集団舞踏に加わろうとしない老人を酔わせることさえしなければならないだろう。

演劇の改革者たちは、プラトンにおける舞踏と演劇の対立を、演劇の真理とスペクタクルの見せかけ《シミュラークル》との対立として言い直した。そして演劇を、受動的な公衆が正反対のものへと変容を遂げなければならない場としたのである。正反対のものとはすなわち、自らの生命原理を活動させる一民衆の能動的身体のことである。私を招いてくれたサマーアカデミーの紹介文は、次のような言葉でそれを表現している。「演劇は、公衆が集団としての自分自身と対面する唯一の場であり続けている」。狭い意味では、この文章は演劇の集団的観衆を展覧会の個々ばらばらの訪問者たち、あるいは映画館の入場客のような単なる寄せ集めから区別しようとしているに過ぎない。しかし、そこでは明らかにそれ以上のことが言われている。この文章が意味しているのは、「演劇」が共同体の模範的な形式であるということだ。そこには、再現《ルプレザンタシオン》＝代理の距離に対立する、自己への現前《プレザンス》としての共同体という観念が含意されている。ドイツ・ロマン主義以来、演劇の思考は生き生きとした集団という観念に結びついてきた。演劇は、集団の感性論的《エステティック》構成——感覚可能な形に構成すること——の一形式となって現われた。感性論的構成とは、場と時間を占める様態としての共同体ということである。つまり、単なる法的機構に対立する、現に活動する身体としての共同体、法や政治制度に先立ってそれらをあらかじめ形作っている、知覚、身振り、態度の集合としての共同体である。演劇は他のどんな芸術にもまして、もはや国家や法の機構ではなく人間の経験の感性的な形式を変革するのだという、感性論的〔美的〕革命のロマン主義的な観念に結びついてきた。そこで演劇改革とは、共同体における集会ないし式典としての演劇の本性を復興させることを意味していた。演劇は、民衆が自分たちの置かれた立場を意識し、自分たちの利害について議論する集会であると、ピスカトールに続いてブレヒトは言った。演劇は、ある集団が固有の活力を手に入れるための浄化の儀式であると、アルトーは表明した。このように演劇がミメーシスの幻想に対立する生き生きとした集団を体現するとすれば、演劇にその本質を取り戻させようとする意志がほかならぬスペクタクルの批判を拠り所とすることができたとしても、なんら不思議ではないだろう。

実際、ギー・ドゥボールの考えているスペクタクルの本質とはどのようなものだろうか。それは外在性である。スペクタクルとはヴィジョンによる支配であり、ヴィジョンとは外在性、すなわち自己の喪失である。観客としての人間の病は次の簡潔な言い回しに要約されうる。「見入れば見入るほど〔観照すれば観照するほど〕、観客の存在は薄くなる[2]」。この言い回しは、反プラトン的であるように見える。実際、スペクタクル批判の理論的な基盤は、マルクス経由で、フォイエルバッハの宗教批判から借りてこられたものである。どちらの批判の原則も、非分離としての真理というロマン主義的な見方を受け継いでいる。しかし、この考えそのものはミメーシスのプラトン的な理解に依存している。ドゥボールが断罪している「見入ること」とは、真理から分離された仮象に見入ることであり、この分離が作り出す、苦痛のスペクタクルなのである。「分離はスペクタクルの始まりであり終わりである[3]」。人間がスペクタクルのうちに見入るのは、自分からかすめ取られた能動性であり、そこでは人間の本質が異質なものとなって、向きを転じて歯向かってくる。つまり人間の本質が、この本質喪失を実質とするような世界を組織するようになるのである。

このように、スペクタクルを批判することと根源的本質を取り戻す演劇を探究することとの間に矛盾はない。「善き」演劇とは、自らの分離された現実を消去するためにそれを用いる演劇である。

観客のパラドックスは、演劇のプラトン主義的な禁止の諸原則を演劇のために援用するという、この奇妙な措置に由来する。したがって、今日再検討したほうがよいものがあるとすれば、それはこれらの原則である。あるいはむしろ、これらの原則を可能としている諸前提の網の目、同等関係と対立関係の絡み合いと言ってもいい。つまり、演劇の公衆と共同体、眼差しと受動性、外在性と分離、媒介と見せかけといった同等関係と、集団と個人、イメージと生きた現実、能動性と受動性、自己所有と疎外といった対立関係の絡み合いである。

というのも、同等関係と対立関係のこの絡み合いが、過ちと償いをめぐるかなり回りくどいドラマツルギーを組み上げているからである。演劇は、観客を受動的にし、そのことによって共同体的行為としての自らの本質に背いているとして、自分自身を告発する。その結果、演劇は観客たちに彼らの自己意識と能動性を取り戻させてやることによってその効果を逆転させ、過ちを償うという任務を自らに与えるのである。こうして演劇の舞台およびパフォーマンスは、スペクタクルの悪と真の演劇の間の媒介となって消え去る。それらは観客たちに、観客であることをやめ、集団による

（2） Guy Debord, *La Société du spectacle*, Gallimard, 1992, p. 16〔邦訳『スペクタクルの社会』木下誠訳、ちくま学芸文庫、二〇〇三年、一八頁。ランシエールの引用には誤りがあり、正しくは « plus il contemple, moins il vit »（「見入れば見入るほど、観客の生は貧しくなる」）である〕.

（3） *Ibid.*, p. 13.

実践の行為主体となるにはどうしたらよいのかを教えることを目的とする。ブレヒト的なモデルによれば、演劇の媒介によって、そのきっかけとなった社会的状況に観客は自覚的となり、それを変革するために行動することを欲求するようになる。アルトーの論理によれば、演劇の媒介によって、観客は観客の立場から抜け出る。観客はスペクタクルと向かい合うのではなく、パフォーマンスに取り囲まれ、行為の領域に引きずり込まれることで、集団的活力を取り戻すのだ。いずれの場合にも、演劇は自らを消し去ることを目指す媒介として現われるのである。

この地点においてこそ、知性の解放にまつわる様々な記述および命題が介入し、われわれが問題をより明確に表現し直すのに役立つ。というのも、自らを消し去るこの媒介は、われわれにとって未知なものではないからだ。それは教育的関係の論理そのものである。教師に割り当てられた役割は、自らの知と無知な者の無知との距離を消し去ることにある。教師の講義と彼が行わせる訓練は、教師と無知な者とを隔てている溝を徐々に縮めることを目的とする。不幸なことに、隔たりを縮めることができるのは、それを絶えず作り直すという条件のもとでのみである。無知を知によって置き換えるために、教師は常に一歩先を歩み、生徒と自分の間に新たな無知を置き直さなければならない。その理由は単純だ。教育学の論理において、無知な者とは単に教師が知っていることをまだ知らないでいる者のことではない。無知な者は彼が知らないでいるものが何なのか、そしてそれをどのように知ったらよいのかを知らない者なのである。そして教師は、単に無知な者が知らないでいる知を所有している者であるだけではない。教師は、そのような知をどのように知の対象としたらよいのか、いつ、どのような要綱に従ってそうしたらよいのかを知る者でもあるのだ。というのも、実のところ、どんな無知な者でもすでに多くのことを知っており、自分の周りにあるものを見、聞き、観察し、繰り返し、間違えては自分の誤りを訂正することで、自分自身でそれを学んできたからである。だが、教師にとってこのような知は無知な者の知でしかない。つまり、より単純な事柄からより複雑な事柄へと前進するように自らを秩序だてることのできない知である。無知な者は彼が見出したことを彼がすでに知っていることと比較することで前進する。この前進は出会いの偶然に従っているが、しかしまた、算術の規則、無知はより少ない知であるとする民主主義的規則に従ってもいる。彼が気にかけているのは、ただより多くを知ること、自分がまだ知らないでいることを知ることだけである。そして彼に欠けているもの、自分自身が教師になるのでない限り生徒には常に欠け続けるであろうもの、それは無知の知、すなわち、知と無知を隔てる正確な距離の認識である。

　この測定こそ、まさしく無知な者たちの算術には不可能なことである。教師が知っていること、知の伝達の要綱が初めに生徒に教えることは、無知とはより少ない知なのではなく、知とは反対のものであるということだ。つまり、知とは知識の集合なのではなく、ひとつの位置〔地位〕なのである。正確な距離とは、どんな物差しによっても測られず、ただ占められる位置〔地位〕の駆け引きによってのみ確かめられる距離であり、教師と教師が自分に追いつかせるべく訓練しているはずの者とを隔てる「前への一歩」の、果てしのない実践によって示される距離である。それは、教師の手法と無知な者の手法とを隔てる根源的な溝の隠喩なのである。というのも、この溝は二つの知性、無知が何に存しているのかを知る知性と、それを知らない知性とを隔てているからだ。この根源的な隔たりこそ、秩序だって前進する教育が生徒にまず教えるものである。つまり、まず生徒に彼が無能力であることを教えるのである。こうして、この教育はその〔教育するという〕行為のなかで、それが前提にしている事柄、すなわち知性の不平等を絶えず確かめる。この絶えざる確認こそ、ジャコトが愚鈍化と呼んでいるものである。

この愚鈍化の実践に、ジャコトは知性の解放の実践を対立させた。知性の解放は知性の平等の確認である。知性の平等とは、知性のあらゆる発現が同等の価値を持つということではなく、そのあらゆる発現において知性は自分自身に平等である〔常に一様である〕ということだ。底知れぬ溝によって隔てられているような二種類の知性があるわけではない。人間という動物は、初めに母国語を学んだのと同じように、そして人類の一員となるために自分を取り巻く事物と記号の森に踏み込んでいくことを学んだのと同じように、すべてのことを学ぶのである。つまり、ある事柄と他の事柄、ある記号とある事象、ある記号と他の記号を観察し比較することによって。読み書きのできない者でも祈りの文句をひとつ暗記してさえいれば、この知を彼がまだ知らないでいること、つまりこの祈りの文句が紙に書き付けられたものと比較することができる。彼は記号をひとつひとつ辿って、彼が知らないことと彼が知っていることとの関係を学ぶことができる。一歩一歩、自分の目の前にあるものを観察し、自分が見たものを口に出し、自分が言ったことを確認していけば、それは可能なのである。このように記号をたどたどしく読んでいく無知な者と、様々な仮説を組みあげる学者の間には、常に同じ知性が働いている。自らの知的冒険を伝達するために、そしてもうひとりの知性が自分に伝達しようとしていることを理解するために、記号を他の記号に翻訳し、比較や比喩形象を用いる知性である。

翻訳というこの詩的な作業が、すべての習得の核心にある。そしてまた無知な教師による解放の実践の核心にある。無知な教師が知らないでいるのは、愚鈍化する距離である。つまり、エキスパートだけが「埋める」ことのできる根源的な溝に成り変わった距離である。距離は撤廃すべき悪なのではなく、あらゆる伝達の正常な条件なのだ。人間という動物は、記号の森を通じて伝達を行う隔たり合う動物である。無知な者が越えていかなければならない隔たりは、自らの無知と教師の知との間にある溝なのではない。それは、彼がすでに知っているものから、今のところまだ知らないがほかのことを学んだように学びうるものへの道のりにすぎない。彼がそれを学びうるのは、学者の地位を占めるためではなく、翻訳し、自分の経験を言葉にし、自分の言葉を試すための技法、自分の知的冒険を他人たちに向けて翻訳し、他人たちが彼ら自身の冒険を翻訳して彼に示すものを翻訳し返すための技法を、よりよく実践するためである。無知な者がこの道のりを踏破するのを助けることのできる者が無知な教師と呼ばれるのは、彼が何も知らないからではなく、彼が「無知の知」を放棄し、そうすることによって自分の教職と自分の知とを切り離したからである。彼は生徒に自分の知を教えるのではなく、事物と記号の森に踏み込み、見たものを語り、見たものについて考えたことを語るように、そしてそれを確かめ、ほかの人にも確かめてもらうように命じる。無知な教師が知らないのは、知性の不平等である。すべての距離は事実上の距離である。そして、知的行為のそれぞれは、ひとつの無知とひとつの知の間に引かれた道のりであり、位置〔地位〕のあらゆる固定的性格と階層を、その境界もろとも撤廃し続けていく道のりなのである。

こうした事柄と今日の観客の問いとの間にどんな関係があるのだろうか。劇作家が観客に社会的関係の真理を説明しようとしたり、資本主義の支配に抗して闘争する手段を説明しようとしたりするような時代ではもはやない。だが、抱いていた幻想を捨て去るからといって、必ずしも前提としていたことまで捨て去るわけではないし、目的の地平を失うからといって、必ずしも手段の体系を失うわけでもない。それどころか、幻想を失ったことで、芸術家が観客に対する圧力を強めるということだってありえる。観客は、パフォーマンスによってその受動的な態度から引きずり出され、ひとつの共同世界の能動的な参加者に成り変わるならば、何をしなければならないのか分かってくれるかもしれない、という具合だ。これが、演劇の改革者が愚鈍化する教育者と共有している第一の確信なのである。つまり二つの位置〔地位〕を隔てる溝があるという確信である。たとえ劇作家や演出家が観客に何をしてほしいのか自分で分かっていない場合でも、少なくともひとつのことは分かっている。観客がひとつのことを行わねばならないということ、つまり能動性と受動性を隔てる溝を越えなければならないということは分かっているのである。

しかしながら、距離を消そうとする意志こそがまさに距離を作り出しているのではないのかと問うことによって、問題を構成している諸項目をひっくり返すことができるのではないだろうか。能動的であることと受動的であることの間にあらかじめ設定された根源的な対立以外に、何が座席に座った観客を能動的ではないと宣告することを許すというのか。じっと見ることは、イメージと仮象に満足して、イメージの背後にある真理や演劇の外にある現実を知らないでいることだという前提によるのでなければ、どうして眼差しと受動性を同一視できるだろう。そして、話すことは行為とは反対のものであるという先入観によるのでなければ、どうして聴取を受動性と同一視できるだろう。こうした対立――じっと見ること／知ること、仮象／現実、能動性／受動性――は、明確に定義された諸項目の間にある論理的な対立とは全く異なるものである。それらはまさしくひとつの感性的なものの分割《パルタージュ》＝共有、すなわち位置〔地位〕、そしてそれぞれの位置〔地位〕に結びついた能力と無能力のアプリオリな分配を定めているのである。これらの対立は不平等の具現化したアレゴリーである。それゆえ、それぞれの項目の価値を変えることもできるし、対立それ自体の機能の仕方は変えることなく、「良い」項目を悪い項目、あるいは逆に悪い項目を「良い」項目にすることもできる。例えば、舞台上の役者たち、劇場の外の労働者たちはその身体を活動させているのに、観客は何もしていないという理由で貶められる。だが、目先のものや卑近なものにはまり込んでいる肉体労働者や経験まかせの実務家の盲目さと、イデアを観照し、未来を予見したりわれわれの世界の全体像を把握したりする者たちの広い視野との対立が問題になるや否や、見ることと行為することとの対立は逆転する。少し前まで、地代で暮らす地主たちは、選挙権と被選挙権のある者として能、動的市民と呼ばれ、生活のために労働する者たちは、こうした役割にはふさわしくない者として受動的市民と呼ばれていた。それぞれの項目は意味を変え、位置〔地位〕は入れ替わりうる。ただ重要なのは、ある能力を有する者と有しない者という二つのカテゴリーを対立させる構造はそのままであるということだ。

解放の方はどうかというと、それが始まるのは見ることと行動することの対立が問い直される時であり、言うこと、見ること、行為することの関係を上述のように構造化している明証性それ自体が、支配と服従の構造に属していることが理解される時である。解放は、じっと見ることが位置〔地位〕のこのような分配を確証したり、あるいはそれを変容したりする行為でもあることが理解される時に始まるのである。観客もまた、生徒や学者と同様に行動する。観客は観察し、選択し、比較し、解釈する。自分が見ているものを、違う舞台のうえや別種の場所ですでに目にした数々のものに結びつける。そして自分の目の前にある詩を構成する要素を使って、自分自身の詩を組み立てる。パフォーマンスを自分なりにやり直すことで、それに参加するのである。例えば、パフォーマンスが伝達するとみなされている生の活力を逃れ、むしろパフォーマンスを単なるイメージにし、この単なるイメージを自分が読んだり夢見たりした物語、自分が体験したり作り出したりした物語に結びつけるという具合だ。こうして、観客は距離をとった観客であると同時に、提示されたスペクタクルの能動的な解釈者ともなるのである。

これこそが最も重要な点なのだ。役者や劇作家、演出家やダンサー、あるいはパフォーマーがそれぞれのやり方で行っているように自分自身の詩を作り出す限りで、観客は何かを見、感じ、そして理解しているのである。アッバス・キアロスタミのカメラにとらえられた、導師フセインの死を悼む伝統的なシーア派の宗教劇に立ち会う観客たちの、眼差しや表情が移り変わる様を観察すれば十分だろう（『タジエ』〔*Tazieh*〕）。劇作家や演出家は、観客が何か決まったものを見、何か決まったものを感じ取り、これこれのことを理解し、そこからしかじかの帰結を引き出すことを望む。それは愚鈍化する教育者の論理、物事を同一なまま直線的に伝達する論理である。一方に——身体あるいは精神のなかに——何か、例えばひとつの知、ひとつの能力、ひとつの活力があり、それらが他方に移らなければならないというわけだ。生徒が学ば〔*apprendre*〕なければならないのは、教師が彼に教える〔*apprendre*〕ことである。観客が見なければならないのは、演出家が彼に見せるものであり、観客が感じ取らなければならないのは、演出家が彼に伝える活力である。原因と結果のこのような同一性が愚鈍化の論理の核心にあるのに対し、解放はそれらを分離する。それが無知な教師のパラドックスが意味するところである。生徒は教師から、教師自身が知らない何かを学ぶ。彼がそれを学ぶのは、探究し、この探究を確かめることを強いる教師による支配の結果である。しかし、生徒は教師の知を学ぶわけではないのだ。

芸術家は観客を教育しようとしてなどいないと言う人もいるだろう。今日、芸術家はなんらかの教訓を押しつけたり、なんらかのメッセージを伝えたりするために舞台を用いることを拒んでいる。彼が望んでいるのはただ、ひとつの意識のあり方、ひとつの感情の強度、そして行動のためのひとつの活力を生み出すことだけである、と。だが芸術家は、知覚され、感じ取られ、理解されることになるのは、自分がドラマツルギーやパフォーマンスに込めたものであると常に想定している。彼は原因と結果の同一性を常に前提としているのだ。ところが原因と結果の間に想定されたこの等しさ〔平等〕それ自体は、ひとつの不平等な原則に基づいている。それは教師が自らに授けている特権、つまり「適切な」距離とそれを消去するための手段の認識に基づいているのである。だが、ここでは二つのはっきりと異なる距離が混同されている。芸術家と観客の間には距離がある。しかし、パフォーマンスがひとつのスペクタクル、ひとつの自律したモノとして、芸術家の抱いた観念と観客の感覚ないし理解の間に介在している限りにおいて、パフォーマンスそのものに内在する距離もあるのだ。解放の論理においては、無知な教師と解放された見習いの間に、常に第三のモノ――ひとつの書物あるいは全く別の書き物の断片――がある。この第三のモノは教師と生徒双方にとって未知のものであり、双方がそれを参照することで、生徒が見たもの、それについて生徒が言っていること、そして考えることを、一緒に確かめることができるのである。パフォーマンスについても同様である。パフォーマンスは芸術家の知や息吹を観客に伝達することなのではない。それは、誰が持ち主なのでもなく、誰が意味を所有しているのでもない第三のモノであり、芸術家と観客の間にあって、物事の同一なままの伝達、原因と結果の同一性を、ことごとく退けるのである。

この解放の観念は、このようにはっきりと、演劇とその改革の政治がしばしば依拠してきた解放の観念に対立する。つまり、分離のプロセスのなかで失われた自己への関係を再び自分のものにするという解放の観念に対立するのである。分離とその消去についてのこのような観念こそが、ドゥボールによるスペクタクル批判を、マルクス主義的な疎外の批判を経由して、フォイエルバッハによる宗教批判に結びつける。この論理のなかでは、第三項による媒介は、自己喪失とその隠蔽の論理にとらえられた、不可避の自律幻想でしかありえない。舞台と客席の分離はひとつの止揚すべき状態である。この外在性を様々な仕方で消し去ることが、パフォーマンスの目的そのものである。そのために、観客を舞台に乗せたり、演者を客席に入らせたりすることもあれば、舞台と客席の差異をなくしたり、パフォーマンスをほかの場所に移したりすることもある。あるいはまた、道や町を占拠することや、生の活力を獲得することをパフォーマンスとしてしまうこともある。場の分配を一変させるためのこの努力は、演劇におけるパフォーマンスを大いに豊かなものにした。だが、場を分配し直すことは、演劇がひとつの共同体を集結させ、スペクタクルによる分離に終止符を打つことを自らの目的とするという要求とは別のものである。前者は新たな知的冒険の発明を伴うが、後者は身体をそれぞれにふさわしい場、この場合では、共同体への参与におけるそれぞれの場に割り当てる新たな形式を伴うのである。

というのも、媒介の拒絶、第三者の拒絶は、演劇がそれ自体として共同体的本質を持っているということを肯定するものだからである。劇作家は、自分が観客の集団にしてほしいことを知らなければ知らないほど、観客がいずれにせよひとつの集団として行動しなければならないということ、そして彼らがただの寄せ集めからひとつの共同体へと変容しなければならないということを、いっそうよく知るようになる。しかしながら、演劇がそれ自体としてひとつの共同体をなす場であるというこの考えを問いただすべき時なのかもしれない。舞台上で活動する身体が同じ場に集結した身体に訴えかけているというただそれだけの理由で、演劇が媒介している共同体的意味を、テレビの前に座る個人たちや投影された幻影の前に座っている映画館の観客たちのいる状況とは根本的に異なるものとするには十分であるように見える。奇妙なことに、演劇の演出において映像《イメージ》やその他あらゆる類いの映写の使用が一般化しても、この思い込みは全く変わるところがないようだ。映し出された映像は生身の身体に加わったり、それに取って代わったりしうる。にもかかわらず、劇場空間に観客が集結している限りは、演劇の活動的で共同体的な本質は守られ、正確なところ演劇の観客に他所では生じえないどのようなことが起きるのかという問いは避けることができるかのようだ。しかし、どうして演劇の観客たちが、同じ時間に同じテレビのショー番組を見ている幾多の個人以上に、双方向的で共同的であるというのだろう。

私が思うに、その理由は、演劇がそれ自体で共同体的なものであるという前提であるに過ぎない。この前提が絶えず演劇のパフォーマンスに先行し、その効果を前もって定めているのである。しかし、劇場のなかでパフォーマンスの前にいるのは、美術館や学校、あるいは街頭においてとまったく同様、結局個人たちでしかない。そこで彼らは、自分たちに向けられ、自分たちを取り囲んでいる事物、行為、そして記号からなる森のなかで、それぞれ自分の道を進んでいくのである。観客たちに共通の能力は、彼らがある集団の構成員であるという資格からくるのでもなければ、何か特別な形の双方向性からくるのでもない。その能力は、各々が各々のやり方で自分の感じ取るものを翻訳し、それを特異な知的冒険に結びつける、誰もが持っている能力である。この知的冒険は、それが他のどんな知的冒険とも似通っていないかぎりで、各々を他のあらゆる者と同類にする。知性の平等に基づくこの共通の能力が個人たちを結びつけ、彼らが互いの知的冒険を交換し合うようにするのである。しかし、それはこの能力が、自分自身の道を進んでいくための誰でもが持つ能力を等しく用いることのできる個人たちを、互いに隔てておく限りにおいてである。われわれがそれぞれ行うパフォーマンス——それが教えることであれ、演じることであれ、話すことであれ、書くことであれ、芸術作品を制作することであれ、はたまたじっと見ることであれ——が確認しているのは、共同体のなかで具現化するなんらかの能力に参与するということではない。それは無名の者たちの能力、それぞれの者を他のすべての者と平等にする能力なのである。この能力は、縮めることのできない距離を通じて行使される。それは予見不可能な連結‐分離作用を通じて行使されるのである。

連結し分離するこの能力にこそ、観客の解放、すなわち観客としてのわれわれひとりひとりの解放が存している。観客であることは、能動性へと変えられなければならないような受動的な状態なのではない。それはわれわれにとって正常な状況なのである。われわれは、自分が見ているものを自分が見たもの、言ったこと、行ったこと、そして夢見たことに絶えず結びつける観客として学び、教え、行動し、そしてまた認識するのである。特権的な形式もなければ、特権的な出発点もない。いたるところに出発点、交差点、結節点があり、われわれが何か新しいことを学ぶことを可能にしてくれる。ただし、それが可能となるのは、第一に根源的な距離、第二に役割の分担、そして第三に領域間の境界を拒絶するという条件においてである。観客を役者に、無知な者を学識ある者に変える必要などない。無知な者のなかに働いている知、観客に固有な能動性〔活動〕を認めればよいのである。すべての観客はすでに自分が見ている物語の役者であり、すべての役者、すべての活動的人間は、自らが演じる物語の観客なのである。

少し回り道することになるが、この点を私自身の政治的かつ知的な経験によって説明したいと思う。私は、二つの対立する要請によって引き裂かれた世代に属している。一方の要請に従えば、社会システムについて知的な理解を有する者たちは、このシステムに苦しむ者たちにそれを教示し、彼らを闘争に向けて武装させなければならない。しかしもう一方の要請に従えば、学識があると想定されている者たちは、実のところ搾取と反逆が何を意味するのか全く分かっていない無知な者たちであり、彼らが無知な者扱いしている労働者たちのもとでそれを学ばなければならない。この二重の要請に応えるために、私はまず新たな革命運動を武装させるためにマルクス主義の真理を見つけ出し、それから工場で働き闘争している者たちから搾取と反逆の意味を学ぼうと思った。だが、私の世代の者たちにとってそうであったように、私にとっても、この二つの試みはいずれも十分に説得力のあるものではなかった。このような現状に直面して、私は労働者運動の歴史のなかに、労働者たちと、労働者を教育し労働者によって教育されるために彼らを訪ねてきた知識人たちとの、意味合いのはっきりしない出会い、あるいは失敗に終わった出会いの根拠を探ることへと向かった。

こうして、事の次第は知と無知の間で決められるのでもなければ、能動性と受動性、個人と共同体の間で決められるのでもないことを理解する機会が与えられた。五月のある日、私は一八三〇年代の二人の労働者の文通を閲覧していた。当時の労働者たちが置かれていた状況や彼らの意識のあり方について情報を得ようとしてのことだった。だが、私は思いがけずまったく別の事柄に出くわした。一四五年前のやはり五月の日々に、二人の訪問者が行っていた冒険である。二人の労働者のうちのひとりは、メニルモンタンのサン゠シモン主義共同体に入会したところで、自分の友人にユートピアのなかでどのように日々の時間を過ごしているのか——日中の勉強や稽古、晩に行っている遊び、コーラス、そして朗唱——を伝えていた。文通の相手の方は、その返信のなかで、ある春の日曜を満喫しようと二人の仲間としてきたばかりのピクニックを語っていた。だが彼の語っていることは、来週の仕事に備えて心身の英気を回復しようとする労働者の休日とは似ても似つかぬものだった。彼はまったく別種の余暇のなかに闖入していた。それは、風景が示す形、その光と影を楽しむ耽美主義者の余暇であり、田舎宿に身を寄せて、形而上学的な仮説について思索を繰り広げる哲学者の余暇であり、自分の信ずるところを、道すがらあるいは宿で偶然出会ったすべての仲間たちに伝えようと努力している伝道師の余暇だったのである(4)。

労働条件や階級意識のあり方について情報を提供してくれるはずだったこの労働者たちは、私に

(4) Cf. Gabriel Gauny, *Le philosophe plébéien*, Presse universitaires de Vincennes, 1985, pp. 147–158.

まったく別のものをもたらした。類似の感情であり、平等の証明である。彼らもまた、彼ら自身の階級のなかで観客であり訪問者なのだった。プロパガンダを行う者としての彼らの活動は、散歩者であり瞑想家としての彼らの閑居から切り離すことはできなかった。彼らの余暇の記録にすぎないものが、見ること、行為すること、そして語ることの既成の関係を新たに言い表すことを余儀なくしたのである。労働に勤しむ者に当てもなく歩を進め、眼差しを彷徨わせる時間はなく、集団の構成員に個性を様々な形に磨きあげ、それを人とは異なる記章にして示すための時間はないと断じる感性的なものの分割《パルタージュ》＝共有を、彼らは自らを観客にも訪問者にもすることで転覆しているのである。それこそ解放という言葉が意味していることだ。解放とは、行動する者とじっと見る者、個人であることと集団の構成員であることとの間にある境界を、混乱させることなのである。あのような日々が手紙をやりとりする二人の労働者やその同胞たちにもたらしているのは、彼らの置かれた状況についての知識や、明日の労働と来るべき闘争のための活力ではなかった。それは、時間と空間の分割＝共有、労働と余暇の分割＝共有を、今ここにおいて再編成することだったのである。

時間のまさにその内部に生じたこの切断を理解することは、縮めようのない隔たりを縮めようとする果てしのない試みを通じて自らの支配力を確かなものとする代わりに、類似性と平等がもたらす帰結を発展させることであった。この二人の労働者は、誰もがそうであるように、知識人でもあった。彼らは、一世紀半後に彼らの手紙を図書館で読む研究者と同様に、そして工場の入口にマルクス主義の理論を持って訪問してくる者やビラを配りにくる者と同様に、訪問者であり観客であった。知識人と労働者の間にも、役者と観客の間にも、埋めなければならないような隔たりはまったくなかった。ここから、この経験を説明するのに適した言説のために、いくつかの帰結が引き出される。彼らの日中の出来事や夜の出来事の物語を語ることは、ほかにも様々な境界を乱すことを強いるものだった。時間について、時間を失うことと取り戻すことについて語っているこの物語は、ほかの場所で、別の時代に、まったく異なる類の書き物のなかで語られた、それに類似するある物語に関係づけられることで初めて意味を持ち、その効力を発揮する。それは、プラトンの『国家』第二巻のなかで語られている物語であり、そこでプラトンは、演劇における偽りの幻影を非難するに先立って、よく秩序だった共同体においては、各人はただひとつだけのことしか行ってはならず、職人には自分の職場以外の場所にいる時間はなく、自然が彼らに授けた（無）能力に見合った仕事以外のことをする時間はないと説明しているのである。

したがって、あの二人の訪問者の物語を聞き取るためには、経験に基づく物語と純粋な哲学との境界、諸分野間の境界、そして言説レヴェルの階層を攪乱する必要があった。一方に事実を語るお話しがあり、他方に物語の道理や背後に隠された真理を明るみにする哲学的ないし科学的な説明があるのではない。一方に事実があり、他方にその解釈があるのではない。ひとつの物語を語る二つの様式があるのだ。だから私のすべきことはひとつの翻訳作業であり、春の日曜の日々を語るあの物語と哲学者の対話篇がどのように互いを翻訳し合うのかを示すことであった。そしてこの翻訳と翻訳の仕返しに適した固有語法を発明しなければならなかった。ただしこの固有語法は、この物語の意味、それを説明する現実、それが行動のために与える教訓を求めるような者には理解不可能なままにとどまるかもしれない。実際この固有語法は、自分自身の知的冒険に基づいてそれを翻訳しようとする者によってしか、読み解かれはしないからだ。

この伝記的な回り道が、私が話そうと思っていることの核心へと導いてくれる。というのも、横断すべき境界と攪乱すべき役割分担をめぐるこれらの物語は、コンテンポラリー・アートの現状に逢着するからだ。コンテンポラリー・アートにおいては、個々の芸術に特有のあらゆる能力が、それぞれの固有な領域を離れ、互いの場、互いの権限を交換し合う傾向にある。今日では、台詞のない演劇もあれば語られるダンスもある。造形芸術のなりをしたインスタレーションやパフォーマンスもある。大壁画の連作に成り変わったビデオ影像の映写もある。写真が引き延ばされ活人画や歴史画となり、彫刻がマルチメディア・ショーに姿を変える。そのほかにも様々な芸術が組み合わされている。ところで、こうしたジャンルの混交を理解し実践するには三つの方法がある。まず、全体芸術作品の形式を蘇らせるという方法だ。全体芸術作品は生となった芸術の極致であると考えられていた。だが今日にあっては、それはむしろ過剰に肥大した若干の芸術家的エゴの作品となるか、コンシューマリズムの過激な直接行動主義の一形式の作品となるか、さもなければ同時にその二つの作品となるという傾向にある。次いで、芸術手法の交雑は、役割や身分〔同一性〕が絶え間なく入れ替わり、現実的なものと潜在的なもの、有機的なものと機械的・情報科学的人口器官とが絶え間なく交換される、ポストモダンの現実に固有のものであるという考え方がある。この二つ目の考え方は、その帰結においては最初のものとさして変わるところがなく、しばしば別の形態の愚鈍化へと行き着く。つまり、境界の攪乱と役割の混乱がパフォーマンスの効果を増大させるために用いられており、その原理が問いただされてはいないのである。

残るは三つ目の方法である。それはもはや効果を増大させることではなく、原因と結果の関係そのもの、そして愚鈍化の論理を支えている前提一式を問い直すことを目指すものである。再現前化＝上演を現前に、受動性を能動性に変えようとする超《ハイパー》－演劇とは反対に、それは演劇の舞台に付与された、生命力と共同体的力の担い手としての特権を廃止し、演劇の舞台を、物語を語る行為、書物の朗読、あるいはイメージに向けられた眼差しと同列に置くことを提案する。要するに、演劇の舞台を、多種多様なパフォーマンスが互いに互いを翻訳し合う、平等の新たな舞台として考えることを提案するのである。というのも、これらすべてのパフォーマンスにおいて問題となるのは、知っていることと知らないことを結びつけることであり、自らの能力を発揮するパフォーマーであると同時に、この能力が新たなコンテクストのなかで、ほかの観客たちに対して何を生み出すことができるのかを観察する観客でもあることだからだ。芸術家は研究者同様、自分たちの能力の発現と効果が、新たな知的冒険を翻訳する新たな固有語法の言い回しによって提示され、そのなかで不確かなものとなるような舞台を構築する。固有語法の効果をあらかじめ見越すことはできない。それは観客が能動的な解釈者の役割を演じ、彼ら自身の翻訳を練り上げることで「物語」を自分のものとし、そこから彼ら自身の物語を紡ぐことを要請する。解放された共同体は、語り部と翻訳家の共同体なのである。

こうしたことが、そんなのは言葉のうえでのこと、相も変わらず言葉のうえでだけのことだ、と言われかねないなどということは十分承知している。だが、それが嘲りだとは思わない。われわれは、数多くの演説家たちが彼らの言葉を言葉以上のもの、新たな生へ入り込むための文句とするのを聞いてきた。われわれは、数多くの演劇公演がもはやスペクタクルではなく共同体の儀式であると主張するのを目の当たりにしてきた。今日でさえ、生を変えるという欲望に対するあらゆる「ポストモダン的な」懐疑主義にもかかわらず、数多くのインスタレーションやスペクタクルが宗教的密儀に成り変わるのが見られる。そうである以上、言葉は単に言葉に過ぎないと言われるのを聞くことは、必ずしも憤慨させるものではない。受肉する御言葉や能動的となる観客といったファンタズムを退け、言葉は単に言葉であり、スペクタクルは単にスペクタクルであると知ることによって、どのようにして言葉やイメージ、物語やパフォーマンスがわれわれの生きる世界の何かを変えることができるのかを、よりよく理解しえるようになるのである。

批判的思想の災難

私はもちろん、社会批判および文化批判の伝統を問いに付した最初の者ではない。私の世代はこの伝統のなかで育った。そして多くの者が、その時代は終わったと宣言した。少し前までは、仮象の輝きの背後にある薄暗く揺るぎない現実を暴いて楽しんでいられた。だが今日では、仮象の支配に対立させるべき揺るぎない現実などもはや何もなく、消費社会の圧倒的な勝利に対立させるべき薄暗い裏側などもはや何もない、というわけだ。直ちに言っておきたいのだが、私が擁護しようと思うのはこのような言説ではない。逆に、批判の伝統のなかで用いられてきた概念や操作は少しも廃れてはいないことを示そうと思う。こうした概念や操作は、その失効を宣言する者たちの言説においてさえ、非常によく機能しているのだ。ただし、現在それがどのように用いられているかを見れば、その方向性と目的だと見なされていたものが完全にひっくり返されていることがわかる。したがって、批判を真に批判することに身を投じようとするのであれば、われわれはひとつの解釈モデルが執拗に存続していることと、その意味＝方向が逆転していることとを考慮に入れなければならない。

この目的のために、現代におけるいくつかの徴候を検討することにしよう。それらは芸術、政治、そして理論的思考の分野において、批判の伝統に固有の記述様式および論証様式が逆転していることを例証するものである。そのために、この伝統が今日でもまだもっとも根強く残っている分野から始めることにしよう。それは芸術の分野であり、そのなかでも、えてして芸術作品が世界状況に関する包括的な省察の一環として提示される、国際的な大展覧会である。そのようなわけで、二〇〇六年にセビーリャで開催されたビエンナーレのキュレーターであるコズイ・エンウェゾー〔Kozui Enwezor〕は、この催しをグローバリゼーションの時代における「社会的・経済的・政治的絆を抹殺し壊滅させる装置」(5)を暴くためのものと定めた。荒廃をもたらす装置の最前列には、当然アメリカの戦争兵器があり、展示はアフガニスタンおよびイラクでの戦争にまつわるものから始まっていた。イラクにおける内乱のイメージと並んで、ニューヨーク在住のドイツ人芸術家、ヨゼフィーネ・メクセペル〔Josephine Meckseper〕によって撮影された、反戦デモの写真が展示されていた。そのうちの一枚は注意を引くものだった。背景にはプラカードを掲げたデモ参加者の一群が見られる。そして前景を占めているのは、中身が溢れ返って、地面にまき散らされたゴミ箱である。写真はただ「タイトルなし」とだけ題されていた。このコンテクストからすれば、それは「タイトルは必要ない。イメージがそれ自体で十分に語っている」と言わんとしているように思えた。

政治的プラカードとゴミ箱の間にある緊張関係を、芸術における批判の伝統を特に代表している芸術形式、すなわちコラージュと比較すると、このイメージが何を語っているのか理解することができる。デモの写真は、技術的にはコラージュというわけではないのだが、その効果はコラージュ

ヨゼフィーネ・メクセペル
『タイトルなし』，2005 年

（5） 催しの正確なタイトルは *The Unhomely. Phantomal Scenes in the global World* であった。

とフォトモンタージュに芸術的かつ政治的な成功をもたらした要素を利用している。つまり、対立はしないまでも互いに異質な要素をひとつの同じ表面上で衝突させるのである。シュルレアリスムの時代に、この手法はブルジョワ的日常の凡俗さの下にある、欲望と夢想の抑圧された現実を明るみに出すために用いられた。次いでマルクス主義が、異質な要素を思いがけない仕方で出会わせることで、月並みな日常と民主主義的平和の見せかけの裏に隠された階級支配の暴力を感知しえるものとするためにそれを用いた。それがブレヒトにおける異他性〔異化〕の原理であった。そして一九七〇年代になってもなお、社会や政治に積極的に関与したアメリカの芸術家、マーサ・ロスラー〔Martha Rosler〕によってなされたフォトモンタージュはそれを原理としていた。『戦争を家庭に持ち込む』〔*Bringing the War Home*〕と題された連作のなかで、ロスラーは幸福なアメリカ人家庭の室内のイメージのうえに、ヴェトナム戦争のイメージを張り付けたのだった。例えば、『バルーンズ』と題されたモンタージュは、一角にいくつもの風船が見られる広々とした邸宅を背景に、ひとりのヴェトナム人がアメリカ軍の砲弾に撃たれて死んだ子供を抱きかかえているのを見せる。二つのイメージの結合は二重の効果を生むと想定されていた。アメリカの家庭的幸福を帝国主義的な戦争の暴力に結びつける支配システムを意識させること、そしてまた、このシステムのなかで罪深い共犯者となっていることを感じ取らせることである。一方でイメージが言っているのは、「これがあなたの知る由もない隠された現実である。自分でよく調べ、得た知識に応じて行動しなさい」ということだ。だが、ある状況に関する知識がそれを変えようという欲望を起こすかどうかは自明のことではない。それゆえ、イメージはまたこうも言う。「これがあなた方の見ようとしない明白な現実である。というのも、あなた方は自分に責任があることをわかっているからだ」。このように、批判装置は隠された現実を意識させることと、否認された現実に対する罪悪感を与えることという、二重の効果をねらっていたのである。

マーサ・ロスラー
『戦争を家庭に持ち込む　バルーンズ』
フォトモンタージュ，1967-1972 年

デモ参加者とゴミ箱の写真は、こうしたフォトモンタージュと同じ要素を用いている。遠くで起こっている戦争と国内〔家庭内〕消費である。ヨゼフィーネ・メクセペルは、マーサ・ロスラーがニクソンの行っていた戦争に反対していたように、ジョージ・ブッシュが行っている戦争に反対している。しかし、写真のうえで相反する物事が生み出す作用は、まったく別物である。それはアメリカ人の過剰消費を遠くの戦争に結びつけることで、戦争に反対する闘士たちの活力を強化しているのではない。むしろ、戦争を家庭内に持ち込むことを新たに主張しているデモ参加者の足もとに、過剰消費を投げつけているのである。マーサ・ロスラーのフォトモンタージュは、要素間の異質性を際立たせていた。死んだ子供のイメージは、上品な室内に組み込まれれば、当然それを打ち壊すものだった。逆に、ゴミ箱とデモ参加者の写真は、根本的にはそれらが同質であることを強調している。ゴミ箱から溢れ返っている空き缶類は、おそらくデモ参加者たちによって捨てられたものだろう。だとすると、写真がわれわれにほのめかしているのは、デモの行進それ自体がイメージの消費者と見せ物的《スペクタクル》な憤慨の行進だということである。このようなイメージの解釈は、ヨゼフィーネ・メクセペルの名を知らしめた一群のインスタレーションと一致する。それらのインスタレーションは、今日多くの展覧会で見ることができる。それらは商業用あるいは広告用のショーウィンドウに酷似したガラスケースで、メクセペルはそのなかに、かつてフォトモンタージュがそうしていたように、それぞれ異質な世界に属すると見なされている要素を寄せ集める。例えば、「売り出し中」と題されたインスタレーションでは、まさに戦争を帝国主義の諸主要都市に持ち込もうとしたイギリスの都市ゲリラ集団の歴史についての書物が、男性のモード用品に紛れている。もうひとつのインスタレーションでは、女性下着のマネキンが、共産主義プロパガンダのポスターの傍らに置かれ、六八年五月のスローガン「決して働くな」が、香水の瓶に貼られている。こうしたものは一見相反するものであるように見えるが、主眼となっているのは、それらが同じ現実に属しており、政治的急進主義もまた若者モードの一現象であると示すことなのだ。それこそ、デモ参加者の写真がそれ独自のやり方で示していることである。デモ参加者たちは、中東の諸都市に爆弾を投下している消費帝国が進めている戦争に抗議している。しかし、この爆撃はタワーの破壊に対する報復として行われているのであり、この破壊それ自体、商品とスペクタクルの帝国の崩壊というスペクタクルとして演出されたのだった。だとすれば、イメージはわれわれにこう語っているように見える。これらのデモ参加者がここにいるのは、タワーの倒壊とイラクの爆撃のイメージを消費したからである。そして彼らが街頭でわれわれに示しているのも、やはりひとつのスペクタクルなのだ。結局のところ、テロリズムと消費、抗議とスペクタクルは、等価性という商業的法則によって支配された、ただひとつの同じプロセスに帰着するのである、と。

しかし、この視覚的な論証が徹底して行われれば、批判の手続きそのものが撤廃されなければならなくなるだろう。すべてがスペクタクルをなす見世物でしかないとすれば、批判的言説の有効性の根拠となっていた仮象と現実の対立は自ずと崩れ落ち、それと同時に、埋もれた現実あるいは否認された現実の側に位置づけられた人間たちに対する罪悪感も消え去るからだ。この場合、批判の装置はただ自らの有効性の失効を示すだけとなろう。ところがそうはならない。革命プロパガンダと若者のモードを混ぜ合わせる小さなガラスケースは、かつて闘争的介入が用いていた二重の論法を踏襲している。それはいまなおわれわれにこう言う。これがあなた方には見る術もない現実である。商業的陳列の権勢はとどまるところを知らず、今日のプチブルジョワ的生活様式は虚無主義《ニヒル》的なおぞましさを見せる。しかしまたこうも言う。これがあなた方の見ようとしない現実である。あなた方が反抗の態度だと言い張っているものは、商業的陳列によって支配された、識別記号の陳列プロセスに参与しているのだ。したがって批判的芸術家は、イメージの陳列によって隠された秘密を暴く短絡と衝突を生み出すことを、いまなお目的としているのである。マーサ・ロスラーにおいては、衝突は財とイメージの幸福な陳列の背後に帝国主義の暴力を暴かねばならなかった。ヨゼフィーネ・メクセペルにおいては、イメージの陳列は、すべての事物が商業的陳列の様式で提示される現実の構造と同一であることが明らかとなる。しかし、問題となっているのは依然として観客が見る術のないものを示すことであり、見ようとしないものを知らしめて恥をかかせることなのだ。そのせいで、批判の装置それ自体が、自らの告発する論理に属する高級商品として提示されることになるとしても。

だから批判のパラダイムの告発に内在する弁証法が確かにあるわけだ。その告発が批判のパラダイムは廃れたと公言したところで、そのメカニズムを再生することになるだけである。ただ、現実に対する無知あるいは悲惨さの否認が、現実と悲惨さが消え去ってしまったことに対する無知にすり替わり、自分たちを有罪にするものを知らずにいたいという欲望が、自分たちが有罪と感じなければならないようなものなど何もないということを知らずにいたいという欲望にすり替わるだけのことだ。それが概ね、今度は芸術家ではなくひとりの哲学者、ペーター・スローターダイクが、その著書『球体III―泡』〔*Écumes*〕のなかで提示している議論である。彼が記述しているところによれば、モダニティのプロセスは反重力のプロセスである。反重力というタームは、まずは当然、宇宙の征服を人間に可能とした技術上の発明、そして堅牢な工業世界をコミュニケーションとヴァーチャルリアリティの技術に置き換えた技術的革新を指している。だがそれはまた、生がそのかつての重力、すなわち苦痛、苛酷さ、悲惨さの重荷を大分失ってしまい、それにともなって現実的な重みも失ってしまったのだ、という考えを表してもいる。このことから、「貧困の存在論によって言い表された現実の諸定義」に立脚している批判的思想の伝統的な手続きは、存在する理由がなくなってしまったということになる。それがまだ続いているのは、スローターダイクによれば、現実の堅牢さへの信仰と悲惨さに対する罪悪感が、それらが向かう対象が失われてしまった後でもまだ存続しているからである。そうした信仰と罪悪感は必然的な幻想として存続している。マルクスは、人間が宗教とイデオロギーの空に、現実における彼らの悲惨さの逆さまになったイメージを投影しているのを見てとった。スローターダイクによれば、われわれの同時代人はそれと逆のことをしている。つまり堅牢な現実という虚構のなかに、全般化した荷の軽減のプロセスの逆さまになったイメージを投影しているのである。「いかなる考えが公共空間で表明されるとしても、そのテクストを執筆しているのは悲惨さという虚偽である。あらゆる言説は、権力の座についた贅沢を悲惨さのジャーゴンで翻訳し直すという法に服従しているのである」[6]。悲惨主義的で犠牲者気取りの古びた言説が繰り返されるとき、重力と悲惨さの消失を前に抱かれる後ろめたい困惑が、そこで裏返しになって表明されているというわけだ。

この分析は、批判の伝統の形式と内容から自由になるようにわれわれを促す。だが、それは批判の伝統の論理を繰り返すことによるものでしかない。それはまたしてもわれわれにこう言う。「われわれは包括的な幻想構造の犠牲者であり、生産諸力の発達という抗しがたい包括的なプロセス——古き信念〔信仰〕と理想の消失を帰結としてもたらした、富の脱物質化のプロセス——にわれわれが無知であるがゆえの、そしてそれに抵抗しようとしているがゆえの犠牲者である」、と。この議論のなかには、『共産党宣言』の不滅の論理がたやすく認められる。いわゆるポストモダニズムが、その規範的な定式、「固体であるものはすべて、気体となって消散する」をそこから借り受けているのは、それなりのわけがあってのことなのだ。すべては流動的に、液体に、そして気体になり、現実の現実性、悲惨さと戦争の現実性をいまだに信じているイデオローグなど笑い者となるだろうというわけだ。

どれほど挑発的であろうとしたところで、こうした主張は批判の伝統の論理のなかに閉じ込められたままである。逃れようのない歴史のプロセスとそれが必然的にもたらす結果をめぐる主張に忠実であり続けているのだ。現実を幻想に、あるいは幻想を現実にすり替え、貧困を富に、あるいは富を貧困にすり替える逆転のメカニズムをめぐる主張にである。この主張は、知ることができないという無能さと知らずにいたいという欲望を告発し続ける。そして相も変わらず、否認の核心に罪悪感があることを示すのである。したがって、このような批判の伝統の批判は、その伝統の種々の概念と手続きを変わることなく用い続けているのだ。だが、確かに何かが変わった。以前はまだ、こうした手続きは解放のプロセスへ向けて意識のあり方や活力を呼び覚ますことを目的としていた。しかし今や、それはこのような解放の地平から完全に分離されているか、あるいは解放の夢にはっきりと敵対しているかなのだ。

デモ参加者とゴミ箱の寓話が示しているのは、このようなコンテクストである。おそらく、写真はデモ参加者に対する非難などまったく表明してはいないだろう。そもそも、一九六〇年代にすでにゴダールは、「マルクスとコカコーラの子供たち」を皮肉っていた。しかし、ゴダールはこの子供たちとともに歩んでいた。というのも、コカコーラの時代の子供たちがベトナム戦争に反対して行進していたとき、彼らはマルクスの子供たちとともに戦っていた、いずれにせよ戦っていると考えていたからである。その後の四〇年で変わったのは、マルクスがコカコーラに吸収されて消え去ったということではない。マルクスは消え去りなどしなかった。ただ位置を変えたのである。マルクスは今やシステムの核心に、システムが腹話術によって語るときの声として宿っている。マルク

(6) Peter Sloterdijk, *Écumes*, trad. Olivier Mannoni, Paris, Maren Sell, 2005, p. 605.

スは、マルクスの子供たちとコカコーラの子供たちに共通の汚辱を証言する卑しむべき亡霊、あるいは卑しむべき父親となったのである。かつてグラムシは、ソヴィエトの革命は『資本論』に反抗する革命であるとした。マルクスの書物はブルジョア的科学主義のバイブルと成り果てたからだ。われわれの世代を育んだマルクス主義についても同じように言うことができるだろう。それは商品の神話を暴き立て、消費社会およびスペクタクルの帝国の幻想を告発するマルクス主義である。四〇年前、このマルクス主義は社会における支配のからくりを暴き、それに立ち向かう者たちに新たな武器を与えるものと見なされていた。今日、それは商品そしてスペクタクルによる支配、つまり何もかもが何もかもと等価になり、何もかもがそれ自身のイメージと等価になるということの、熱狂からさめた学識と成り果てた。ポストマルクス主義およびポストシチュアシオニストのこのような達観は、熱に浮かされた消費の廃棄物に完全に埋もれてしまった人類の、夢幻的な光景を描くだけにとどまらない。それは支配の法を、それに異議を唱えると称するすべてのものを取り押さえる力として描いてもいるのだ。すべての異議をスペクタクルとし、すべてのスペクタクルを商品とするのである。それによって、異議は虚しさの表現とされ、そしてまた罪悪感の表明とされる。腹話術で語る亡霊の声は、われわれが二度有罪であり、対立する二つの理由により有罪であると告げる。というのも、われわれは、もはや罪悪を感じなければならないようなものなど何もないということを知らない振りをして、なおも現実と罪悪感の古くさい考えに固執しているからであり、そしてまた、われわれ自身が商品、スペクタクル、異議を消費することで、商品的等価性の卑しむべき支配に一役買っているからである。このような二重の容疑がかけられるのは、政治的な立場が驚くべき仕方で再分配されたからだ。一方で、商品とイメージの帝国に対して左翼が散々行った告発は、この避け難い帝国にアイロニカルな同意あるいはメランコリックな同意を与えるひとつの様式となった。他方で、闘士の活力は右翼の方に向きを変え、商品とスペクタクルに対する新たな批判に糧を与える。つまり、商品とスペクタクルの災いが、民主主義的な個人の罪として規定され直すのだ。

したがって、一方には左翼的アイロニーないしメランコリーがある。これは、どれほどわれわれが転覆を望んだところで、その欲望はなおも市場の法則に従っており、われわれはグローバルな市場のうえですることのできる新たな戯れ、つまりわれわれ自身の生を際限なく試すという戯れに喜んでいるだけなのだ、と白状するようにわれわれに迫る。それが示すのは、われわれは怪物の腹のなかに吸収されてしまっており、転覆をもくろむ自律的な実践を行うわれわれの能力、対抗するために用いることのできる相互作用的ネットワークさえ、この獣の新たな権力、非物質的生産の権力に奉仕してしまうということである。曰く、この獣は商品のうちで最も好まれているもの、すなわち生を無限の可能性に溢れた土壌として試す能力を、自分の敵となりうる者どもに最もお得な値段で提供することで、彼らの欲望と能力を支配する。こうして獣は各人に各人が望むことのできるものを提供する。愚か者たちにはリアリティ・ショー、利口者たちには自己の価値を高めるためのより大きな可能性という具合だ。それが、資本主義権力を打倒すると思っている者たちがはまった罠なのだ、そうメランコリックな言説はわれわれに言う。彼らは資本主義権力を倒すどころか、逆にそれが異議申し立ての活力によって養われ、刷新されることを可能にしてしまったのである、と。この言説は、リュック・ボルタンスキーとエヴ・キアペロの『資本主義の新たな精神』のうちにその糧を見出した。この社会学者たちによると、六〇年代の数々の暴動、とりわけ六八年五月の学生運動のスローガンが、一九七三年のオイルショック以後苦境に陥る資本主義が新たに生まれ変わることを可能にしたという。というのも、六八年五月は、労働者運動に固有の資本主義の「社会的批判」――不平等と貧困に対する批判、共同体の絆を破壊するエゴイズムの告発――に代えて、その「芸術的批判」の諸テーマ――脱魔術化した世界に対する抗議、真正さ、創造性、自律性の要求――を前面に出したからである。これらのテーマこそ、同時代の資本主義に取り込まれたものであり、こうして資本主義は、自律性と本物の創造性を求めるこのような欲求に、その新たな「フレキシビリティ」、柔軟な統率、軽やかで革新的な構造、個人のイニシアチブへの呼びかけ、そして「プロジェクトごとに生じる自律的集団《シテ》」の要請を提供するのである。

こうした主張は、それ自体としてはそれほどしっかりとしたものではない。この主張に実質を与えているのは管理職向けセミナー用の言説であって、それは資本主義の今日における支配の諸形式の現実とはかけ離れている。というのも、資本主義において労働の「フレキシビリティ」が意味しているのは、六八年五月の申し子たちの全般にわたる創造性に呼びかけることというよりは、解雇、工場の閉鎖および移転を恐れるあまり、増加する生産形態にむりやり適応させられるということだからである。そもそも、労働における創造性への配慮は、一九六八年の運動のスローガンなどではまったくなかった。それどころか、この運動は「参加」のテーマに逆らって行われた。教育を受けた献身的な若者たちを、刷新され人間の顔をした資本主義に参加するよういざなうことが、六〇年代の新資本主義的イデオロギーと国家による改革主義の核心にあったからである。社会的批判と芸術的批判を対立させることは、異議申し立てが歴史のなかで取った諸形態のいかなる分析にも立脚していない。ただブルデューの教えにならって、貧困に抗し共同体の絆を取り戻すことを目指す闘争を労働者のものとし、自律的な創造性への個人主義的欲望を大ブルジョアや小ブルジョア階級の一時的に反抗的になった子供たちのものとしているにすぎない。しかしながら、労働者解放を目指す集団闘争は、共同体の古い絆による束縛に対して個人の生ないし能力を勝ち取るという新たな経験から、一度も切り離されたことはなかった。社会的解放は同時に美的＝感性論的解放であった。つまり、階層化した旧体制のなかで労働者の同一性〔身分〕を特徴づけていた物の感じ方、見方、そして語り方との断絶であった。社会的なものと美的＝感性論的なもの、個性をすべての者に見出すことと自由な集団を企図することとのこのような連係が、労働者解放の核心をなしてきた。だが、それはまた同時に、階級と同一性〔身分〕の無秩序を意味した。社会学的な世界の見方は、この無秩序を常に退けてきたのであり、そもそも十九世紀にこの無秩序に相対するべく構築されたのである。社会学が六八年のデモやスローガンにこの無秩序を再び見出したのは、だからごく自然なことなのだ。だとすれば、様々な階級、そしてそのそれぞれの存在様式や行動形態の適切な分配にこの無秩序がもたらしてきた混乱をついに始末しようと、社会学が腐心していることにも納得がいくだろう。

したがって、人を引きつけることができたのはこの主張の新しさや説得力ではなく、共謀してしまう幻想という「批判の」テーマをそれが再利用するやり方なのだ。こうして左翼急進主義のメランコリック・ヴァージョンが養われる。それは、獣の権力とそれに立ち向かっていると思っていながらそれに奉仕しているものたちの幻想とを、二重に告発することを活力にしているのである。確かに、「芸術的」反乱の懐柔という主張からは複数の結論が導き出される。場合によっては、この主張はついに本当の意味で急進的となる急進性の提言を支えるものとなる。かくしてパオロ・ヴィルノは、今日資本と国家によって吸収されてしまっている一般知性の諸力が、そこから大量離脱することを推奨し、ブライアン・ホームズは、ヴァーチャルな資本主義にヴァーチャルな転覆を対立させたのだった。(7) しかしこの主張はまた、本来の精神を失ってしまった資本主義を破壊するためにではなく救うために力を注ぐ、転倒した戦闘的態度の提言を養うものともなる。(8) ともあれ、この主張の標準的な最低ラインは、支配の現実が気体、液体、そして非物質的となり、それに対抗するための確固たる地点が何ひとつ見つからないような世界において、その進行を変えることは不可能だということを、冷めた態度で確認するというものだ。実際、われわれの時代のある著名な社会学者によって次のように描かれた戦争を前に、ヨゼフィーネ・メクセペルによって撮影されたデモ参加者＝消費者に何ができるというのだろう。「今日権力が用いる主要な技術は、身をかわすこと、横にステップすること、省略すること、回避することであり、領土のあらゆる包囲を、それに伴いのしかかってくる構築すべき秩序や維持すべき秩序といった事柄、その帰結として生じてくる様々なことに対する責任ならびにそのために支払わなければならない経費も含めて、実質的に放棄してしまうことである。［…］ステルス戦闘機や、自動誘導弾頭付きハイテク自己制御ミサイルによって行われる攻撃――どこからともなく不意をついて行われ、即座に視線から逃れ去る攻撃――が、歩兵部隊による領土進撃、敵から領土を奪い取るための努力に取って代わった。［…］軍事力とその「ヒット・エンド・ラン」戦略は、液体状の近代における新たなタイプの戦争にとって、何が実質上の賭け金であったのかを予示し、体現し、予告していた。つまり、問題なのは新たな領土を獲得することではなく、新しい液体状のグローバル権力を遮っている壁を崩壊させることなのだ(9)」。こ

（7） Paolo Virno, *Miracle, virtuosité et « déjà-vu ». Trois essaies sur l'idée du « monde »*, Édition de l'Éclat, 1996 および Brian Holmes, « The Flexible Personality. For a New Cultural Critique », *Hieroglyphs of the Future. Art and Politics in a networked era*, Broadcasting Project, Paris/Zagreb, 2002（この論文は http://www.geocities.ws/CognitiveCapitalism/holmes1.html でも閲覧可能である）、ならびに « Réveiller les fantômes collectifs. Résistance réticulaire, personnalité flexible »（www.republicart.net/disc/artsabotage/holmes01_fr.pdf）を参照。
（8） Bernard Stiegler, *Mécréance et discrédit 3 ; L'esprit perdu du capitalisme*, Galilée, 2006.
（9） Zygmunt Bauman, *Liquid Modernity*, Polity Press, 2000, pp. 11-12（フランス語への翻訳は私が行った）〔『リキッド・モダニティ――液状化する社会』森田典正訳、大月書店、二〇〇一年、一六―一七頁〕。

の診断は二〇〇〇年に公表されたものだ。その後八年間の軍事行動で、それが十分に確かめられたとはとても言い難いだろう。だが、メランコリックな予言は確かめることのできる事実を対象としてはいない。ただ、物事はそれがそのように見えているのとは異なっていると言うだけである。これは、いつか反駁されてしまうという危険を冒すことのない命題である。メランコリーはそれ自身の無力を糧にする。この無力を全般化した無力に変換することができ、世界に冷めた眼差しを投げかける明晰な精神という地位を確保すればそれでいいのだ。この世界では、システムの批判的な解釈はシステムそのもののパーツになってしまったのだ、と。

この左翼的メランコリーと向かい合って、右翼の新たな憤激が高まっていった。それは、市場、メディア、スペクタクルの告発を、民主主義的個人がもたらす荒廃の告発として言い直すものである。少し前まで支配的なオピニオンが民主主義の名のもとに理解していたのは、公的自由に基づく統治形態と、自由市場が提供する自由な選択に基づく個人の生活様式との収束であった。ソヴィエトという帝国が存続していた限りは、支配的オピニオンはこの民主主義を全体主義と称される敵に対立させていた。しかしながら、民主主義を人権、自由市場、個人による自由選択を足し合わせたものとみなす公式に関するコンセンサスは、その敵の消滅とともに消え去った。一九八九年以降、人権と個人による自由な選択を結合させることが招く致命的な結果を告発する知的キャンペーンは、ますます激烈なものとなった。人権は、マルクスが的確に見抜いていたように、ブルジョアの利己的な個人の権利、すべての商品に対する消費者の権利であり、この権利は今日の消費者を駆り立てて、その熱狂を妨害するすべてのものを打ち砕き、学校、宗教、あるいは家庭といった、市場の影響力に限界を課していた伝統的な権威の形態をことごとく破壊することへ向かわせているのだと、社会学者、政治哲学者、道徳哲学者が代わる代わる説明しにやってきた。彼らが言うには、それこそ民主主義という言葉の真の意味である。つまり、それはただ自らの欲望を満たすことのみを気にかけている個人の掟なのだ。民主主義的個人は平等を望む。だが、彼らの望んでいる平等は、ある商品の売り手と買い手の関係を統べる平等である。つまり彼らの望んでいるのは、人間同士のあらゆる関係において市場が勝利することなのである。平等を渇望すればするほど、彼らはますます熱心にこの勝利に協力してしまうのだ。こうした基盤に基づけば、次のように立証するのは容易なことだった。六〇年代の学生運動、とりわけフランスにおける六八年五月の学生運動は、資本の法則によって生活が全般的に侵略されることに逆らっていた伝統的な権威の諸形態を破壊することを目指すものでしかなく、それが唯一もたらしたのは、われわれの社会を、市場の法則だけが全く自由に使うことのできる、あらゆる連係を欠いたばらばらの分子の自由な寄せ集めに変容させてしまったことだけである、と。

しかし、この新たな商品批判は、市場による支配だけでなく、テロリズムや全体主義による社会的絆や人間同士の絆の破壊もまた、平等な消費への民主主義的渇望の帰結であるとすることで、さらに一歩踏み出さなければならなかった。少し前までは、個人主義と全体主義が対立していた。だが新たな理論構築においては、全体主義は自由選択と際限のない消費に対する個人主義的な狂信の帰結となる。ワールド・トレード・センターの崩壊に際して、著名な精神分析学者で法学者でもある哲学者、ピエール・ルジャンドルは、『ル・モンド』紙上で、テロ攻撃は西欧において抑圧されていたものの回帰であり、同性結婚に集約される、西欧における象徴的秩序の破壊に対する制裁である、と解説した。二年後、著名な言語学者で哲学者のジャン゠クロード・ミルネールは、その著書『民主主義ヨーロッパの犯罪的傾向』において、こうした解釈にさらにラディカルな様相を纏わせた。ミルネールが民主主義ヨーロッパに負わせている罪は、端的にユダヤ人の大量殺戮である。彼が論証するところによると、民主主義とは社会が限界なきものとなる支配体制であり、それはこの非限界化のプロセスを際限なく拡大させることへの欲望によって突き動かされている。ユダヤ民族は逆に血統と継承の掟に忠実な民族であるので、民主主義に本質的なこの趨勢にとって唯一の障害となっていた。それゆえ民主主義はユダヤ民族を排除する必要があったのであり、この排除の恩恵を受ける唯一のものとなったのである。次いで、二〇〇五年十一月にフランス各地の郊外で起こった暴動に際して、フランスにおけるメディア向き知識人のスポークスマン、アラン・フィンケルクロートは、そこに歯止めのきかない消費という民主主義的テロリズムの直接の帰結を見てとった。彼はこう言い放った。「学校を破壊しているあの者たちは、実際のところ何を言おうとしているのか。彼らの発しているメッセージは、助けを求めたり、より多くの学校やよりよい学校を要求したりするものではない。それが表明しているのは、彼らと彼らの欲望の対象の間にある介在物を始末しようとする意志である。では彼らの欲望の対象とは何なのか。それは単純だ。金、ブランド物、そして時には女。〔…〕今や彼らはすべてを欲しがっている。彼らが欲しがっているのは、消費社会の理想だ。つまり、彼らがテレビで見ていることなのだ」[10]。この著者は、これらの若者たちはイスラム狂信者たちによって暴動に駆り立てられたと表明してもいたので、論証は民主主義、消費、幼稚さ、宗教的狂信、そしてテロの暴力を最終的にただひとつの形象に帰着させるものであった。消費とスペクタクルの批判が、結局文明の衝突とテロとの戦いという最も露骨なテーマと同一となっていたのである。

ポスト批判的批判のこの右翼的憤激を、私は左翼的メランコリーに対立させた。だが、それらは同じコインの裏表である。批判モデルは、社会闘争の戦士たちを武装させるために、商品の法則が美しい見た目〔仮象〕の究極の真理であることを暴露するのだと主張していたわけだが、右翼的憤激も左翼的メランコリーも、この批判モデルを同じように逆転させているのである。暴露は相変わらず同じ調子で進んでいく。だが、それはもはや自らが告発する帝国に対抗するためのいかなる武器を提供するものともみなされない。左翼的メランコリーは、獣の権力に対するオルタナティヴはないことをわれわれが認め、われわれはそれで満足なのだと白状するように促す。右翼的憤激は、獣の権力を粉砕しようとすればするほどその勝利に貢献することになるのだとわれわれに警告する。

(10) アラン・フィンケルクロート、二〇〇五年十一月十八日『ハアレツ』紙に掲載されたインタビュー。翻訳はミシェル・ワルシャウスキとミシェル・シボニーによる。

しかし、このように批判の手続きとその目的を分離することで、批判の手続きはその有効性の望みを完全に失うことになる。メランコリーにふける者たちと予言者たちは、文明の病の症候を解読する賢明な理性の衣装を纏ってはいる。だがこの賢明な理性は、自分たちが病人であると知らないことがその病であるような病人たちに対しては、いかなる効力も持たないものとして現われる。システムの果てしのない批判は、結局のところ、この批判があらゆる効力を失っている理由を論証するのと同じことになるのである。

もちろん、賢明な理性のこのような無力は偶発的なものではない。それはこのポスト批判的批判の形象に内在するものなのである。「民主主義的個人主義」のテロリズムを前に啓蒙的理性が敗北してしまったことを嘆く同じ予言者たちが、ほかならぬこの理性に疑惑を投げかけているのだ。彼らの告発している「テロル」のなかに彼らが見ているのは、家族、学校、宗教、伝統的な連帯などといった、人間を一緒につなぎ止めておく伝統的な制度がもたらす絆から解き放たれて、個々人のアトムが自由に揺れ動くようになったことの帰結なのである。ところで、この論法には素性のよく知れた歴史がある。それはフランス革命の反革命的な分析に遡る。この分析によると、フランス革命は、宗教、君主制、封建的従属関係、同業組合などといった、個人たちを集結させ、教育し、保護していた集団機関の組織を破壊してしまった。そしてこの破壊は、プロテスタントの個人主義の精神であった啓蒙精神の産物であった。かくして、絆を解かれ、伝統文化を放棄し、保護を失った個人たちは、同時に大衆テロリズムに取りこまれもすれば資本主義の搾取の対象になりもすることとなった。現在の反民主主義運動は、民主主義と市場、そしてテロルの関連をめぐるこの分析を公然と引き継いでいる。だが、そこでブルジョア革命と商品フェティシズムのマルクス主義的な分析がこの反革命的分析に帰着しているのは、マルクス主義的分析それ自体がこの土壌のうえに生まれ、そこから糧となるものをいくつも汲み取ってきたからなのである。実際、人権、ブルジョア革命、そして疎外された社会的関係に対するマルクス主義の批判は、民主主義革命を共同体の組織を引き裂く個人主義的ブルジョア革命とみなす、ポスト革命的で反革命的な解釈の土壌のうえで発展したのである。したがって、マルクス主義に由来する批判の伝統の批判的逆転が、われわれを再びそこに連れ戻すのはごく当然のことなのだ。

それゆえ、社会・文化批判の伝統が尽き果てたと言うのは誤りである。この伝統の逆転した形態が現在の支配的言説を組織している以上、この伝統はごく順調に続いている。ただ単に、それが生まれた土壌に引き戻されただけのことだ。それは、近代を個人主義による社会関係の断絶とし、民主主義を大衆の個人主義とする解釈の土壌である。それと同時に批判の伝統は、「民主主義的近代」のこのような解釈の論理と社会的解放の論理の間にある、根源的な緊張関係へと連れ戻された。市場およびスペクタクルの批判があらゆる解放の意図から切り離されているという現在の状態は、社会的解放の運動にその発端から宿っている緊張関係の最終形態なのである。

この緊張関係を理解するには、「解放」という言葉の本来の意味に立ち戻る必要がある。解放とはマイノリティの状態から抜け出すことである。ところで、社会的解放の闘士たちが抜け出すことを望んだマイノリティの状態とは、原理的なレヴェルでは、二世紀前に反革命の思想家たちが夢見ていた「共同体の調和のとれた組織」と同じものである。そして、失われた社会関係を思考する今日のポスト・マルクス主義的な思想家たちが哀れんでいるのも、やはりこのような組織である。こうしたノスタルジーの対象となる、調和よく組織された共同体とは、各々が各々の場〔地位〕、各々の階級にあって、自分に見合った職務に携わり、この場〔地位〕と職務に適合した感性および知性を備えているような共同体である。要するに、職人たちは自らの持ち場にとどまっていなければならないとする、プラトンの共同体である。というのも、仕事は待ってくれない――つまり公共の広場《アゴラ》に行っておしゃべりをしたり、議会に出向いて討議したり、劇場に幻影を見に行ったりする時間を残してはくれない――し、そしてまた、神が彼らに授けた鉄の魂――すなわち感性および知性の装備――は、彼らをこの活動に適応させそこに固定するものだからである。これこそ私が感性的なもののポリス的分割＝共有と呼ぶところのものだ。そこでは従事している活動とそのための装備との間、ある特別な時間および空間を占めそこで定められた活動に従事するということと、それぞれの活動に適合した感じる能力、語る能力、行為する能力を備えているということとの間に、「調和的な」関係が存在するのである。そして実際、社会的解放とは、「従事している活動〔時間・空間を占めること〕」と「能力」のこのような合致を断ち切ることだった。というのも、この合致は、ほかの空間と時間を獲得する能力の欠如を意味したからである。職人は仕事が待ってはくれないことをわかっているし、彼の感覚はこの「時間のなさ」によって形成されているわけだが、解放とは、この職人としての活動に適合した働く身体を解体することだったのである。解放された労働者は、今ここにおいて、もうひとつの身体、そしてこの身体に宿るもうひとつの「魂」を自らに作り上げる。それは、なにか特別な活動に適合しているのではない者たち、ある特定の階級のものなのではなく、誰のものでもある感じる能力、語る能力、考える能力、そして行動する能力を働かせる者たちの、身体であり魂なのである。

だが、解放のこのような観念と実践は、歴史を通じて、支配と解放《リベラシオン》〔自由化〕についてのまったく異なる観念と混ざり合い、最終的にはそれに従属させられてしまった。この観念は、支配を分断のプロセスと結びつけていたので、その結果として、解放は失われた統一を奪回することに結びついた。このような見方は、マルクスが青年期に書いたテクスト群のなかで模範的に要約されているが、それによれば、資本の法則への隷属は、統一の打ち砕かれた社会に生じる事柄である。この社会において富は疎外され、社会自体の上方に、あるいはそれと向かい合わせに投げ出されたのだ。だとすれば、解放は共同体が失われた財を全般的に自分のものにし直すこととしてしか現われようがない。そしてこのように財を自分のものにし直すのは、支配による分断の包括的なプロセスを認識する結果としてしかありえない。このような観点からすれば、今ここにおいて新たな感性的世界に生きるべく新たな身体を自らに作り出すというあの職人たちの解放形式は、分断のプロセスおよびこのプロセスに対する無知によって生み出された幻想でしかありえない。解放は、社会をその真理から分断する包括的なプロセスの終焉としてしか到来しえなくなるのである。

こうして、解放はもはや新たな能力の構築としては考えられなくなっていた。幻想にすぎない能力は現実的な無能力の裏返しでしかありえないとして、解放はこのような能力しか持たない者たちに科学的な知が与える約束となった。だが、この科学的な知の論理そのものは、約束を際限なく先延ばしにする論理である。自由を約束する知は、包括的なプロセスをめぐる知でもあるのだが、この知は、それ自身の無知を際限なく生み出し続けることになるからだ。だからこそ、それは絶えず偽りのイメージを解読し、豊かになっているのだという幻想の諸形態――それは幻想、隷属、そして悲惨さ〔貧困〕の罠のなかに、個人をもう少し深く陥れることにしかならない――の正体を暴くことに努めなければならなかった。バルトが『神話作用』を発表した時からギー・ドゥボールが『スペクタクルの社会』を発表した時に至るまで、イメージの批判的読解やイメージが〔偽りであることを〕隠している偽りのメッセージの暴露が、どれほど熱狂的に行われえたかをわれわれは知っている。しかしまた、あらゆるイメージの偽りのメッセージを解読しようとするこの熱狂が、八〇年代にどのようにして、もはやイメージと現実を区別する必要はないのだという悟ったような言明とともにひっくり返されてしまったのかも、われわれは知っている。だがこの逆転は、社会全体のプロセスを自己隠蔽のプロセスと考える根本の論理の帰結でしかない。隠された秘密とは、結局のところ社会機構の自明な機能の仕方以外の何ものでもない。それこそ、ギー・ドゥボールが定めたようなスペクタクルの概念の真理である。つまり、スペクタクルは現実を隠すイメージを陳列することなのではない。社会的活動および社会の富が、分離された現実として存在するということなのだ。だとすれば、スペクタクルの社会に生きる者たちの状況は、プラトンの洞窟のなかで縛られている囚人たちと同じものである。洞窟は、イメージが現実とみなされ、無知が知とみなされ、貧しさが豊かさとみなされる場である。そして囚人たちは、彼らの個々の生活そして共同の生活を別様に築くことができると思い込めば込むほど、ますます洞窟における隷属状態にはまり込んでいく。しかし、無力さのこの宣告は、それを行う科学的な知に跳ね返ってくる。スペクタクルの法を知ることは、スペクタクルがどのようにして、偽造をその実体に等しいものとして際限なく生み出し続けるのかを知ることにほかならない。ドゥボールは、この円環の論理を次のような簡潔な言い回しで要約した。「現実に逆転してしまった世界においては、真なるものは偽なるものの一契機である」(11)。したがって、逆転の認識はそれ自体逆転した世界に属し、隷属の認識はそれ自体隷属の世界に属している。それだから、イメージの幻想の批判は現実という幻想の批判に転じ、偽りの豊かさの批判は偽りの貧しさの批判に転じることができたのである。この意味で、ポストモダン的転回などと言われているものは、同じ円環のなかをもう一周しているにすぎない。近代《モダン》的批判からポストモダン的ニヒリズムへの理論的移行など存在しない。それは現実とイメージ、豊かさと貧しさの同じ方程式を、異なる意味で〔異なる方向に〕読み取っているにすぎないのだ。ポストモダン的気分に結びつけられているニヒリズムは、そもそもの初めから、近代社会の隠れた秘密を暴くと言っていた科学

(11) Guy Debord, *La Société du spectacle*, *op. cit.*, p. 6.〔邦訳、一七頁〕

的な知の隠れた秘密であったということなのかもしれない。この知は、秘密が破壊不可能であることと、そして自らが告発している偽造プロセスが際限なく生み出され続けることを、自らの糧としていたのである。批判の手続きが、現在あらゆる解放の展望から切り離されているということは、批判のパラダイムの核心にあった分離を明るみに出しているにすぎない。批判と解放を分離することで、批判の幻想をからかうがよい。だが、この分離は批判の論理を繰り返しているのだ。

したがって、真の「批判の批判」は、批判の論理をもう一度逆転させることではありえない。それは、批判が用いている諸概念、諸手続き、これらの概念および手続きの系譜、そしてそれらが社会的解放の論理と絡み合ってきた仕方を再検討することを通じて行われる。とりわけ、批判のモデルの逆転の核心にあって、消えることのなかったイメージの歴史に、新たな眼差しを向けることを通じて行われる。それは、消費する個人は商品とイメージの氾濫に溺れ、それらが与える偽りの約束に誘惑されている哀れな馬鹿者であるという、完全に使い古されてはいるがいつでも利用可能なイメージである。商品とイメージの有害な陳列をこのように強迫的に気にかけたり、そうしたものの犠牲者であるとも知らずにいい気になっている者たちをこのように描き出したりすることは、バルト、ボードリヤール、あるいはドゥボールの時代に生まれたわけではない。それは十九世紀の後半に、ある特別なコンテクストのなかで台頭してきたのである。当時、生理学が魂の統一性と単一性に代わるものとして神経に対する刺激や神経回路の複数性を発見し、心理学がテーヌとともに脳を「イメージのポリプ母体」へと変容させていた。問題は、科学における量のこのような昇進が、もうひとつの昇進、すなわち民主主義と呼ばれる統治形態の主体である民衆の群れの昇進と、同時に起こっていたことである。つまり、複製されるテクストとイメージ、商店街のショーウィンドー、そして市街地の照明といったものが氾濫することで、資格〔質〕のない数多くの個人たちが、知識と享楽の共有されるひとつの世界のなかで、完全な権利を有する住人となっていたのである。

このようなコンテクストにおいて、ざわめきが立ち上り始めた。あまりに多くの刺激があらゆるところから巻き起こり、あまりに多くの思考とイメージがその氾濫を制御する準備のできていない脳に侵入し、得られうる快楽のあまりに多くのイメージが大都市の貧乏人たちの視界に委ねられ、あまりに多くの新たな知識が庶民の子供たちの弱い頭の中に投げ込まれている。このように彼らの神経エネルギーが刺激されることは深刻な危険である。その結果、未知の欲求が巻き起こり、短期的には社会秩序に対する新たな襲撃を、長期的には勤労で丈夫な種族の欠乏を引き起こすこととなる、と。消費可能な商品とイメージの過剰に対する嘆きはまずもって、様々な言葉、イメージ、そして体験様式を自らのものとすることのできる個人があまりに多く存在する社会として、民主主義社会を描写するものであった。実際、それが十九世紀のエリートたちにとっての大きな不安だったのである。このような未聞の体験様式の流通を前に、彼らは不安にかられていた。こうした体験様式は、どんな通行人、どんな訪問者、どんな読者にでも、彼らの体験する世界を再編成する原因となりえるような素材を提供しかねない。このように未聞の出会いが増加することは、民衆の身体のなかに未知の能力が目覚めることでもあった。解放、すなわち見えるもの、思考しえるもの、行いえることの古い分割＝共有の解体は、この増加を糧にしてきた。「消費社会」による偽りの誘惑を初めに告発していたのは、新たな生活様式を民衆が実地に試していくなかで生まれた同時代の二つの双生的形象、すなわちエマ・ボヴァリーと国際労働者協会〔第一インターナショナル〕を前にして、恐怖にとらわれたエリートたちであった。もちろん、この恐怖は貧しい者たちに対する父性的な気がかりという形をとった。貧しい者たちの脆弱な脳には、こうした出会いの増加を制御する能力がないというわけだ。言い換えれば、生を発明し直す能力が、状況を判断する能力の欠如へと変えられたのである。

この父性的な気がかりと、それが前提としている無能力の診断は、社会の現実についての科学的な知識を用いて、庶民が偽りのイメージによって偽装された自分たちの実際の状況を自覚することができるようにしてやろうとする者たちによって、ふんだんに取り入れられた。彼らがこのような気がかりや診断を受け継いだのは、これらが彼ら自身のヴィジョンに一致していたからである。そのヴィジョンは、商品生産の全体的な動向を、その動向に従属させられている行為者たちに対して幻想を自動的に生産することであるとみなすものであった。こうして、彼らは社会秩序にとって危険な能力を宿命的な無能力へと変容させることも引き継いだ。というのも、社会批判の手続きが目的にしているのは、無能な者たち、つまり物事をはっきりと見る術を知らない者たち、自分たちの見ているものの意味を理解できない者たち、獲得した知を闘争活力に変える術を知らない者たちを、治療してやることだからである。すると医者たちにはこれらの治療すべき病人たちが必要となる。

無能な者たちを治療するために、無能な者たちを際限なく生み出し続ける必要があるのだ。ところで、この産出を確実なものとするには、周期的に健康を病気に、病気を健康にころころと変える芸当《トゥール》があればよい。四〇年前、批判の科学は、イメージを現実と取り違え、そのせいでイメージの隠されたメッセージに誘惑されるがままとなっている馬鹿者たちを笑いものにしていた。そうしているうちに、「馬鹿者たち」は仮象の背後にある現実を見分け、イメージのなかに隠されたメッセージを見分ける術を身につけてしまった。そして今や当然、リサイクルされた批判の科学は、イメージのなかに隠されたメッセージがあり、仮象と区別される現実があるといまだに信じている馬鹿者たちを笑いものにしている。こうしてからくりは、馬鹿者たちの無能さを暴く批判の無力さのうえに資本を蓄積しながら、永久に作動し続けることができるのである。

だから私は、同じからくり仕掛けを際限なく維持し続けるこれらの反転に、もう一回転《トゥール》を付け加えようとは思わなかった。そしてむしろ、やり方を変える必要とその方向性を示唆してきた。その核心にあるのは、能力による解放の論理と集団の籠絡を批判する論理との間にある紐帯をほどく試みである。円環から出るとは、別の前提から出発することである。つまり、われわれの寡頭的な社会の秩序と、その裏地をなす批判的と呼ばれている論理からすれば、確実に馬鹿げている仮定から出発することである。そうすれば、無能力な者たちには能力があり、無能力な者たちを彼らの位置〔地位〕に閉じ込めておくような、からくりの隠された秘密など何ひとつないということが前提とされるだろう。そして現実をイメージに変える不可避のメカニズム、ありとあらゆる欲望と活力をその腹におさめる怪物のような獣、復興すべき失われた共同体など、何ひとつないということが仮定されるだろう。あるのはただ、いつでもどこでも不意に現われる可能性がある、ディセンサスの舞台だけである。ディセンサスが意味しているのは、仮象の下に隠された現実があるのでもなければ、すべての者にその明証性を押し付けるように所与を提示し解釈するただひとつの体制があるのでもないような、感性的なものの組織化である。つまり、どんな状況も内部で引き裂かれ、異なる知覚と意味の体制のもとで再編成されえるということだ。知覚しえるものと思考しえるものの風景を再編成することは、可能な事柄の領域と能力と無能力の分配とを修正することである。ディセンサスは、知覚されるもの、思考しえるもの、為しえるものの明証性と、共有の世界の座標を知覚し、思考し、修正する能力のある者たちとない者たちの分割とを、同時に問いに付すのである。そこにこそ政治的な主体化のプロセスは成り立つ。それは、物の数に入っていなかった諸能力が活動することで所与の統一性および見えるものの明証性を引き裂き、可能な事柄の新たな地形図を描き出すことなのである。集団が解放を理解するということは、従属の包括的なプロセスを理解することではない。それは、ディセンサスの舞台に投入される能力を、集団で共有することなのである。つまり、誰でもが持つ能力と資格のない者たちの資格〔質〕を活用することなのだ。すでに言ったように、それは馬鹿げた仮定でしかない。しかし、この能力を調査することの方が、フェティッシュの正体を暴き立てようと果てしなく努めたり、獣が全能であることを果てしなく証明したりすることよりも、ずっと実りの多いことであるように私には思われる。

政治的芸術のパラドックス

モダニズムのパラダイムが告発され、芸術の転覆力に対する懐疑主義が支配的となった時代の後、経済、国家、そしてイデオロギーによる支配の諸形式に反駁するという芸術の使命が、あちこちで再び表明されることとなった。しかしまた、この再度表明された使命が、相反するとは言わないまでも、相違した様々な形を取るものであることも明らかとなった。メディアないし広告のアイコンをモニュメントをなす彫像に変えることで、こうしたアイコンがわれわれの知覚に対して持つ影響力を自覚させようとする芸術家もいれば、現代の残虐な出来事に捧げられたモニュメントを、人目につかないようにひそかに埋める芸術家もいる。ある者たちは下級の身分《サバルタン》〔同一性〕を描く支配的な表象の「バイアス」を示そうと努め、またある者たちは、素性〔同一性〕の一定しない人物たち、あるいは素性が不可解な人物たちを見せるイメージを前にして、眼差しを洗練させることをわれわれに勧める。グローバル化した権力に対して立ち上がるデモ参加者たちの横断幕やマスクを作る者たちもいれば、世界の大企業の会議あるいはそうした企業の情報および通信ネットワークの中に、身分を偽って入り込む者たちもいる。美術館のなかで新しいエコロジー機器の実演を行う者もいれば、苦しい状況にある郊外地域に小さな石ころや目立たないネオンサインを配置することで新たな環境を作り出し、新たな社会関係を引き起こそうとする者もいる。ある者は美術館に収められた傑作たちを恵まれない地区に運び込み、またある者は美術館の展示室を訪問者たちが残していったゴミで埋め尽くす。ある者は移民労働者たちに賃金を支払い、彼ら自身の墓を掘らせることで、賃金システムの暴力を示そうとし、またある者はスーパーのレジ係となって、社会関係の修復の実践のなかに芸術を入り込ませようとする。

このように、芸術を再政治化しようとする意志は、非常に多様な戦略や実践となって現われる。この多様性は、単に同じ目的を果たすために選ばれる手段の多様性を示しているのではない。それは目指されている目的や活動の領域となる場の構成そのものについて、そして政治とは何であり、芸術とは何をなすのかについて、より根源的な不確かさを物語っているのである。とはいえ、こうした多様な実践には共通点がひとつある。総じて、ある種の有効性のモデルを確実なものとみなしているということだ。芸術が政治的とみなされるのは、支配の傷跡を示すとか、流行りのアイコンを笑いものにするとか、あるいはまたそれ自身に固有の場から飛び出して社会的な実践と成り変わるとか、そうした理由によるのである。ミメーシスの伝統の批判と思われているものがたっぷり一世紀続いた後でも、この伝統は芸術的かつ政治的に転覆的であろうとする諸形式においてさえなおも支配的であると認めざるをえない。芸術は憤りを覚えさせる事柄を示すことによってわれわれを反抗的にし、自らアトリエや美術館の外へと移動することでわれわれを動員し、自ら支配的なシステムの要素であることをやめることによってわれわれをこのシステムに対する対抗勢力に変えると考えられているからだ。芸術家が不器用であるとか受け取る側がどうにも矯正しようのない者であるといったような場合を想定しないでおけば、原因から結果、意図から成果への移行は自明であると常に考えられているのだ。

このように、「芸術の政治」には奇妙な分裂症が刻み込まれている。芸術家や批評家たちは、芸術に関する思考やその実践を、常に新たなコンテクストに位置づけるようにわれわれを促す。芸術家の戦略は後期資本主義、グローバリゼーション、ポストフォーディズムにおける労働、情報通信、あるいはデジタル画像といったコンテクストのなかで完全に考え直されるべきであると、彼らはとかく言うものだ。だが彼らの大半は、おそらくこれらすべての新しい事柄が現われる一世紀も二世紀も前にぐらついてしまった芸術の有効性のモデルが有効であることを、認め続けているのである。だから私は通常の観点をひっくり返し、歴史的に距離を取って、次の問いを発したいと思う。芸術の政治についてのわれわれの期待や判断は、いかなる有効性のモデルに従っているのか、こうしたモデルはそれ自体いつの時代のものであるのか、と。

そこで、十八世紀ヨーロッパに舞台を移すとしよう。当時、支配的だったミメーシスのモデルに二つのやり方で異議が唱えられた。このモデルは、芸術的制作の感性的な諸形式と、それらを受け取る者たちの感情や思考が変様を被る際の感性的な諸形式の間に、連続した関係があると想定していた。かくして、古典的な演劇の舞台はひとつの拡大鏡であるとみなされ、観客はそこに虚構という形で人間の振る舞いやその美徳ないしは悪徳を見るように促されるのだった。演劇は、世界のなかで方向を見定めるために認識すべき状況の論理と、模倣あるいは回避すべき思考と行動のモデルを提示していた。モリエールの『タルチュフ』は、偽善者を見分け、憎むように教えていた。ヴォルテールの『マホメット』、あるいはレッシングの『賢者ナータン』は、狂信を避け、寛容を愛するように教えていた。この教育的役割は、今日われわれがものを考え感じるやり方とは一見隔たっているように見える。しかしながら、その基礎にある因果の論理は、われわれにごく馴染みのものだ。この論理によれば、われわれが――劇場の舞台上に、そしてまた写真の展示やインスタレーションにおいて――目にしているものは、作者の意志によって配置された、なんらかの状態を示す感性的な記号たちである。こうした記号を識別するとは、われわれの世界のある種の解読に身を投じることである。この解読は近さあるいは隔たりの感情を生み出し、それがこのように記号によって示される状況のなかに、作者の望んだような仕方で介入するようにわれわれを駆り立てる。これを芸術の有効性に関する教育的モデルと呼ぶことにしよう。このモデルはわれわれ現代人が行う制作や判断に刻み込まれ続けている。確かに、われわれはもはや演劇によって風俗が改められるとは思っていない。にもかかわらず、あれやこれやの広告アイドルを樹脂で象ったものがスペクタクルを組織するメディア帝国にわれわれを立ち向かわせると、あるいは、植民地開拓者による植民地人たちの描き方を収めた一連の写真が、今日、種々の同一性を描く支配的なやり方が仕掛ける罠の裏をかくためにわれわれの役に立つと、なおも信じていたいのだ。

ところで、このモデルは一七六〇年代にすでに、二重の形で検討し直された。ひとつは真っ向から攻撃を行うものだ。私の念頭にあるのは、ルソーの『スペクタクルについての書簡』と、その核心にある非難、モリエールの『人間嫌い』の道徳的教訓と言われているものに対する非難である。ルソーの批判は、著者の意図に対して起こされた訴訟であるにとどまらず、より根源的な何かを意味するものだった。劇場で身体が行うパフォーマンスとその意味や効果との間に再現＝表象モデルが想定していた、直線的な関係が断ち切られたのである。モリエールは、自らの描く人間嫌いの誠実さは正しいのだと、人間嫌いを取り巻く社交人たちの偽善に抗して言っているのだろうか。それとも、社交人たちが社会生活を営むうえで要求される様々な事柄を重んじているのは正しいのだと、人間嫌いの不寛容に抗して言っているのだろうか。ここでもまた、一見克服されたかに見える問題がたやすくわれわれの今の状況にも当てはまる。あれこれの民族浄化の企ての犠牲になった者たちの写真をギャラリーの壁に展示することに何を期待したらよいのか。加害者たちに対する激しい憤りだろうか。苦しむ者たちに対する取るに足りない同情だろうか。人々の苦悶を美的な催しのきっかけとしている写真家たちに対して込み上げる怒りだろうか。それとも、これらの人々に犠牲者という惨めな資格しか見ようとしない、この写真家たちの共犯的な眼差しに対する憤慨だろうか。

この問いは決定不可能である。芸術家の意図が疑わしいものだったとか、その実践が不完全であったとかという理由によるのでもなければ、そのせいで描かれる状況にふさわしい感情や思考を伝えるための適切な方法を見つけられなかったという理由によるのでもない。問題は問いの立て方そのものにある。つまり、イメージ、身振り、あるいは言葉を作り出すことと、観客の思考、感情、行動を促すような状況を知覚することとの間に、感知可能な連続性を前提していることにあるのだ。多くの造形芸術家たちが今なお信じている、あるいは信じる振りをしているモデルが、二世紀以上も前に、演劇において最初に危機に陥ったのは不思議なことではない。演劇は、芸術の有効性に関するある種の考え方を導いている諸前提――そして矛盾――が、むき出しに曝け出される場なのである。だから、『人間嫌い』がそのための範例となる機会を提供したとしても驚くべきことではない。その主題そのものがパラドックスを指し示しているからだ。どうして演劇に偽善者の化けの皮をはがすことなどできよう。演劇を支配する法は偽善者の振る舞いを導く法なのだから。つまり演劇においては、生身の身体が自分たちのものではない思考や感情の記号を舞台にのせるのだから。『スペクタクルについての書簡』の二〇年後、道徳的教化としての演劇をなおも夢見ていた劇作家シラーは、『群盗』において偽善者フランツ・ムーアと、世界の偽善に反抗する誠実の崇高さを犯罪行為に至るまで押し進めるその兄カールを対置することで、この問いを演劇的に論証したのだった。それぞれ「自然本性に従って」行動することで怪物として行動してしまう二人の主人公の対照から、いかなる教訓を期待したらよいのだろうか。「自然のつながりは断ち切られた」とフランツは宣言する。『群盗』の物語は、演劇の有効性の倫理的な形象を、それが破砕する地点にまで至らせた。行為〔筋〕の組み立てに関するアリストテレスが定めた規則、プルタルコス風の模範的な人物たちが示す道徳、身体によって思考や感情を表現する近代的な様式、これら三つの要素を組み合わせることがこの有効性を自然の秩序のなかに組み込むとされていたのだが、『群盗』はそれらを分離させてしまったのである。

だとすれば、問題は再現＝表象〔上演〕の仕組みによって伝達されるメッセージの道徳的ないし政治的な効力にあるのではない。この仕組みそのものにあるのだ。この仕組みに裂け目が生じることであらわとなるのは、芸術の有効性は、メッセージを伝達し、振る舞いの良い見本や悪い見本を与えたり、再現＝表象〔上演〕されているものを解読する仕方を教えたりすることにあるのではないということだ。その有効性はまずもって、身体を配置し、特殊な時間と空間を切り分けることにある。この配置と切り分けが、身体がほかの身体たちと共にあったりそれらから切り離されていたりする仕方、それらと向き合ったりそれらに囲まれていたりする仕方、内にいたり外にいたりする仕方、近づきあっていたり隔たりあっていたりする仕方を定めるのである。ルソーの仕掛けた論争は、このことを明らかにしていた。しかし、それはこの有効性についての思考を、あまりに単純な二者択一によって即座に脇にのけてしまった。そこで再現＝表象〔上演〕の疑わしい道徳的教訓に対立していたのは、ただ単に、再現＝表象〔上演〕なき芸術、芸術的パフォーマンスの舞台と集団生活の舞台を切り離さないような芸術ということにすぎなかった。劇場の観客に対立するのは、現に活動する民衆であり、政治共同体《シテ》がそれ自身にとってあらわとなる〔自らに現前的となる〕、市民の祝祭なのである。プルタルコスによって讃えられたスパルタの青年たちは同じ対立を示していた。だからルソーはプラトンが始めた論争を受け継いでいたわけだ。プラトンは演劇のミメーシスが生み出す虚偽に良きミメーシスを、すなわち内なる精神的原理によって突き動かされ、自らの統一を歌い踊る、活動する都市国家《シテ》の舞踏術を対立させていたのである。この範例は芸術の政治が現われる場を指し示しているが、それはただちに政治と芸術をまとめて遠ざけてしまう。再現＝表象〔上演〕が風俗や考えを改めるとする疑わしい主張が、原《アルシ》‐倫理的〔エートス的〕なモデルによって置き換えられるのである。原‐倫理的であるとは、思考がもはや再現＝表象〔上演〕される身体やイメージによって示される教訓の対象なのではなく、風俗や共同体のあり方のうちに直接具現化されているという意味である。この原‐倫理的モデルは、生活様式となった芸術についての思考という形で、われわれがモダニティと名付けているものに絶えずついて回った。それは二十世紀初頭の四半世紀に大いに繁栄したのだった。全体芸術作品、現に活動する民衆のコロス、新たな機械的世界の未来主義的あるいは構成主義的シンフォニー。これらの形式はわれわれにとって遠い過去のものだ。しかし、自らを消去させなければならない芸術というモデル、観客を役者に変えることによって自らの論理をひっくり返さなければならない演劇というモデル、芸術を美術館の外に持ち出し、それを街頭での身振りとしたり、あるいは美術館のまさにその内部で芸術と生の分離を消し去ったりするパフォーマンスというモデルは、まだわれわれの近くに残っている。そのとき再現＝表象の媒介による不確実な教育法に対立するのは、ある別の教育法、倫理的な無媒介性による教育法である。

芸術の政治をめぐる思索の大半がいまなおしばしば閉じ込められている円環は、この二つの教育法の両極の間で定められているのである。

ところが、この両極性が芸術の有効性の第三の形式が存在していることを見えにくくしているのである。この第三の形式には、厳密な意味で美的＝感性論的有効性という名がふさわしい。それは芸術の美的＝感性論的体制に固有の有効性であるからだ。だが、それはパラドキシカルな有効性である。つまり、芸術的制作の感性的な諸形式と、この制作が観客や読者、あるいは聴衆によって吸収される際の感性的な諸形式との分離そのもの、それらの非連続性の有効性である。美的＝感性論的有効性とは、距離と中性化の有効性なのである。この点は解明されてしかるべきである。というのも、美的＝感性論的「距離」は、ある種の社会学によって、美の恍惚とした観照と同一視されてしまったからだ。そしてこの観照は、芸術的制作およびその受容の社会的な基盤を隠し、そうすることで現実に対して批判的な意識を持つことを妨げ、そこで行動を起こすための手段を潰すものとなる。だが、このような批判は、ここで言われている距離とその有効性の原理となっているものをとらえ損ねている。その原理は、芸術家の意図、芸術のための場において提示されるひとつの感性的形式、ひとりの観客の眼差し、そして共同体のひとつの状態との間にある、規定可能なあらゆる関係を中断することなのである。ルソーが『スペクタクルについての書簡』を執筆していた時代にある古代彫刻についてなされた一見どうということのない記述によって、この分離を象徴させることができるだろう。それは、ヴィンケルマンがベルヴェデーレの『トルソ』として知られている彫像に関して行った記述である。この分析が再現＝表象のパラダイムに対して示している断絶は、二つの主要な点に集約される。第一に、この彫像は、再現＝表象的モデルにおいてひとつの形象の表現力豊かな美とその模範的な性格とを同時に定めることを可能にしていたものをことごとく欠いている。つまり、メッセージを発するための口も、感情を表すための顔も、行為を命じたり実行したりするための手足もないのだ。ところが、ヴィンケルマンはにもかかわらずそれをもっとも活動的な英雄であるヘラクレス、あの十二の功業の英雄の彫像であるとした。とはいえ、それはその数々の功業の後で神々のうちに迎え入れられた、休息中のヘラクレスである。そしてこの無為の人物を、ヴィンケルマンは、ギリシア的自由——芸術と生の分離を知らずにいた民族の、今や失われた自由——の産物であるギリシア的美を模範的に代表するものとしたのである。したがって彫像は、ルソーの祝祭と同様、ある民族の生を表現している。しかしながら、この民族はそれ以降姿を消し、ただこの無為な像、いかなる感情も表現しなければ、いかなる模倣すべき行為を提示することもないこの像のうちにのみ存在している。これが第二の点である。彫像は、芸術家の意図、公衆による受容の様式、そして集団生活のある種の構成の間に因果関係を保証するような、あらゆる連続から逃れ去っているのだ。

このように、ヴィンケルマンの記述は、パラドキシカルな有効性のモデルを描いていた。表現や動きを付け加えるのではなく差し引くことによって——つまり徹底的な無表情あるいは無反応〔受動性〕によって——、ひとつの生活様式のなかに根を下ろすことによってではなく集団生活の二つの構造の間にある距離によって、この有効性は獲得されるのだ。シラーが『人間の美的教育についての書簡』のなかで、美的＝感性論的有効性を中断の有効性と定めることで発展させることとなるのは、まさしくこのパラドックスである。〔美的〕経験に固有の「遊戯本能」は、芸術とそれが社会に根を下ろす仕方を伝統的に特徴づけてきた対立を無効にする。そこでは芸術は受動的な質料に形式を能動的に押し付けることとして定義され、この効果が芸術を社会におけるヒエラルキーと一致させていたのだった。社会においても、能動的な知性を有する人間が物質的な受動性を有する人間を支配していたからである。芸術的実践の構造とヒエラルキーをなす世界の構造との、伝統的に認められてきた一致の中断を象徴させるためにシラーが記述したのは、もはや頭なき体ではなく、体なき頭、ルドヴィシのジュノーの頭像であった。その特徴はやはり徹底した無表情、気がかり、意志、目的の徹底した不在にあり、それが能動性と受動性の対立そのものを無効にしていたのである。

このパラドックスが、私が再現＝表象的媒介の体制および倫理的無媒介性の体制に対立させて、芸術の美的＝感性論的体制と呼んでいるものの構成と「政治」を定めている。美的＝感性論的有効性が固有に示しているのは、芸術の諸形式を作り出すことと特定の公衆に対して特定の効果を作り出すこととの間にあるあらゆる直接的な関係を、中断することの有効性なのである。ヴィンケルマンやシラーが語っている彫像は、もとは神の像、市民の宗教的信仰の要素であったが、もはやそういうものではなくなっている。それは、もはやいかなる信心を示してもいなければ、社会的栄華を示してもいない。もはや風俗を改めることも、身体を行動へと駆り立てることもまったくない。彫像は、もはやなんらかの特定の公衆に向けられているのではなく、美術館の訪問者や小説の読者といった、不特定の無名な公衆に向けられているのだ。それはこれらの者たちに、フィレンツェ派の聖母マリア、オランダ・キャバレーの情景、果物の盛られた杯や魚の陳列が差し出されえるのと同じような仕方で差し出される。そしてそれと同じ仕方で、レディ・メイド、流用された商品、あるいははがされたポスターが後に差し出されることとなるだろう。以後、これらの作品はその制作のきっかけとなった生活様式から切り離される。ギリシア民族の集団生活の、程度の差はあれ神話的な諸形式からも、美術の産物にその用途〔行き先〕を定めていた、君主制、宗教、あるいは貴族制による支配の近代的な形式からも、切り離されるのである。ギリシアの彫像は、以後美術館の芸術に属するものとなるのだが——というのもかつての市民の儀式のなかではそれは芸術ではなかったからだ——、その二重の時間性が芸術と生の分離と非分離という二重の関係を定めている。美術館——単なる建造物ということではなく、共用の空間を区分する形式であり可視性の特別な様式としての美術館——は、使用目的の変わった彫像のまわりに作り上げられたがゆえにこそ、後に、世俗世界に属する、やはり使用目的の変わったそれ以外のあらゆる種類の物体を受け入れることもできるようになるのである。そして美術館が今日、情報の支配的な様態や公共問題をめぐる議論の支配的な様態に逆らおうとする情報の流通様態や政治的議論形態を受け入れることができるのも、同じ理由によるものなのだ。

このように、美的＝感性論的切断はある特異な形式の有効性を確立した。芸術的技能による制作と明確な社会的目的の間、感性的な諸形式、そこに読み取ることのできる意味、そしてそれらが生み出しうる効果の間にある関係の、分離ないし切断の有効性である。ディセンサスの有効性、そう言い換えることもできるだろう。ディセンサスとは観念や感情の衝突のことではない。感覚可能性の複数の体制の衝突である。そしてそれを通じて、美的＝感性論的分離の体制における芸術は政治に関係する。というのも、ディセンサスは政治の核心にあるからだ。実際、政治とはなによりもまず権力の行使、あるいは権力のための闘争であるわけではない。そしてまずもって法や制度が政治の枠組みを定めているわけでもない。政治的な第一の問いは、これらの法や制度がいかなる客体、そしていかなる主体に関わるものなのか、ひとつの政治的な共同体を固有に規定しているのはいかなる形の関係なのか、これらの関係はいかなる客体に関わるものなのか、これらの客体を指し示し、それらについて議論する能力があるのはいかなる主体なのか、ということである。共有の客体は感性の枠組みのなかで規定されるわけだが、政治とはこの枠組みを再編成する活動である。政治は「自然な」秩序の感性的な明証性を断ち切る。それはこの秩序が、個人や集団になんらかのタイプの空間や時間、なんらかの存在様態、物の見方、そして語り方をまず割り当てることで、それらの個人や集団を、命令することの方か服従することの方へ、あるいはまた公的な生活を送ることの方か私的な生活を送ることの方へ向かわせるからである。共有のものと私的なものの分配は、目に見えるものと見えないもの、言葉と騒音の分配でもあり、この分配のなかで身体をそれぞれの場〔地位〕に配置するこの論理こそ、私がポリスという用語で呼ぶことを提案したものである。ポリスの秩序はまさしく感性的な所与の明白さに従って権力関係を先取りしているが、政治はこの秩序を断ち切る実践なのである。政治がそれを行うのは、共有の事柄の空間を描き直すような、集団的発話行為を発明することによってである。反対推論によってプラトンが教えてくれているように、政治は空間と能力――そして無能力――の分配に切断が生じるときに始まる。つまり、ほかのことをする時間を残してくれない労働の、人目につかない空間にとどまることを定められた者たちが、彼らの所有していない時間を奪取して、自分たちも共有の世界を共に分け合う者たちであることを表明するとき、そして目に見えないでいたものをそこに見えるようにしたり、身体の発する騒音としてしか聞かれていなかったものを共有のものについて議論する言葉として聞かせたりするとき、政治は始まるのである。

美的＝感性論的な経験が政治に関わるのは、それがディセンサスの経験として規定されもするからだ。この経験は、ミメーシスあるいは倫理を通じて芸術的制作を社会的目的に適合させることに対立する。芸術的制作はそこで機能的性格を失う。効果をあらかじめ見込んで用途を定めていた連結ネットワークから抜け出るのだ。芸術的制作は中性化された時空のなかで提示される。そしてまた、どんな感覚運動的延長からも切り離された眼差しに差し出される。その結果生じるのは、ひとつの知、美徳、あるいはハビトゥスに形を与えることではない。逆に、経験に差し出されるある種の身体が分離されるのである。まさにこの点において、手足を失い自らの世界を奪われた『トルソ』の彫像は、作品の感性的な物質性とその効果の間にある特別な形の関係を象徴しているのだ。

ひとりの詩人が、政治にはほとんど関わることがなかったにもかかわらず、このパラドキシカルな関係を誰よりもうまく表現している。私の念頭にあるのはリルケであり、彼が手足の捥がれたある別の彫像、アポロンの古代トルソに捧げた詩である。この詩は次のように終わる。

そこには、君を見ていないような場所は
どこにもない。君は生き方を変えなければならない。

生き方が変えられなければならないのは、手足の捥がれた彫像が、いたるところから鑑賞者を「見つめる」表面を作り出しているからであり、言いかえれば、彫像の受動性が新しいタイプの有効性を定めているからである。この謎めいた命題を理解するためには、おそらく、まったく異なる舞台で起こった、手足と眼差しをめぐるもうひとつの物語に向かわなければならないだろう。一八四八年、フランス二月革命の間に、ひとつの革命的労働者新聞『労働者警鐘』〔*Le Tocsin des travailleurs*〕が、一見「非政治的」なひとつのテクストを掲載した。それは自分の雇用者とその場所の所有者のために部屋の床の板張りをしている木工職人の、一日の仕事を記述するものだった。だが、この記述の核心にあるのは腕の活動と眼差しの活動の分離であり、それが木工職人を雇用者と所有者に対する二重の従属から逃れさせるのである。

「自分の家にいるようなつもりで、床の板張りを終えるまでの間、彼は部屋の間取りを愛でる。

窓が庭に面していたり、絵になる地平線を見下ろしていたりすれば、彼はしばし手を止め、広々とした見晴らしに空想をめぐらし、それを近隣の住居の所有者たち以上に楽しむ[12]」。

この眼差しは腕から切り離され、支配された腕の活動の空間を引き裂き、そこに自由な非活動の空間を入り込ませる。この眼差しが、まさしくディセンサスを、つまり感覚可能性の二つの体制の衝突を明確にしている。この衝突は、能力の「ポリス的」体系《エコノミー》の転覆を表す。見晴らしを独り占めすること、それだけですでに、「待ってくれない仕事」の空間とは別の空間のなかで自らの存在を定めることである。そして手仕事上の必要性に服従する者たちと眼差しの自由を有する者たちの分割を断ち切ることである。見晴らしをとらえる眼差しは、伝統的に、フランス式庭園の描く線と社会機構の描く線とが集中する一点に位置する者たちの権力に結びつけられているが、見晴らしを独り占めすることで、要するにこの眼差しを我がものとするのだ。このような美的＝感性論的な我有化は、ブルデューのような社会学者が語っている幻想なのではない。社会における地位、役割、そして能力のポリス的な分割にはもはや「適合」しない、もうひとつの身体を構成することなのだ。だから、この「非政治的な」テクストが革命に沸き立つ春に労働者新聞の一紙に掲載されたのは、何かの間違いではない。だとすれば、労働者たちが集団で声をあげる可能性は、こうした美的＝感性論的な切断、労働者としての存在様態からの分離を通じて開かれる。というのも、支配されている者たちにとって問題だったのは、決して支配のメカニズムを自覚することではなく、支配を受ける以外のことに運命づけられた身体を手に入れることだったからだ。同じ木工職人がわれわれに示しているところによると、問題は状況についての認識を獲得することではなく、この状況に適合していないような「パッション」を獲得することである。こうしたパッション、身体の配置のこうした激変を生み出すのは、あれこれの芸術作品なのではなく、作品を展示する新たな形式、つまり切り離されてあるという作品の存在形式に適合する、眼差しの形式である。革命的な労働者の身体を形作るのは、ダヴィッドの作品がそうであったような意味にせよ、ドラクロワの作品がそうであったような意味にせよ、革命的な絵画なのではない。むしろこれらの作品が美術館という中性的な空間で見られ、さらには廉価な百科事典のなかで複製されて見られるという可能性なのである。そこでは、革命を描くこれらの作品が、かつて王の権力、古代都市の栄光、あるいは信仰の神秘を語っていた作品等と同等となるのだ。

ある意味では、作用を及ぼすのは休息状態《バカンス》である。そのことを、現在パリ郊外の一地区で進行中の、一見パラドキシカルなひとつの芸術的かつ政治的な企てがわれわれに教えている。二〇〇五年秋の暴動は、パリ郊外の一触即発の性格を顕著なものとした。この企ては、社会的流刑の烙印を押され、民族間の荒々しい緊張関係が刻み込まれた、こうしたパリ郊外のひとつで行われている。支配的な言説は、「郊外の危機」は大衆の個人主義によって社会的な絆が失われたことが原因なのだと説明するが、芸術家集団『都市キャンプ』〔Campement urbain〕は、このような支配的な言説に背後か

(12) Gabriel Gaunny, « Le travail à la journée », in *Le philosophe plébéien*, *op.cit.*, p. 45–46.

ら襲いかかる美的プロジェクトを、こうした町のひとつで実施した。つまり、『私と私たち』というタイトルで、この芸術家集団は住民の一部を動員し、一見パラドキシカルに見える空間を創造することを試みたのである。それは「完全に無用で、脆く非生産的な」空間であり、すべての者に開かれ、すべての者の庇護のもとにあるが、孤独な瞑想あるいは黙想を行うためにただひとりでしか入ることのできない空間である。ただひとつの場所をめぐるこの集団闘争の見かけのパラドックスを解消するのは容易い。ひとりきりでいることの可能性は、まさしくこうした郊外の生活環境によって不可能となっている社会関係の形式、社会生活の側面として現われる。しかし、この空っぽの場は、逆にひとりきりでいる可能性を持つような者たちの共同体を描く。それが示しているのは、ある集団の構成員たちにはそれぞれ「私」である能力が等しく備わっているということ、そしてひとつの「私」の判断力はほかのすべての者にも付与されるのだから、カントの美的普遍性のモデルに基づいて新種の「私たち」、つまり美的あるいはディセンサス的共同体を作り出す能力も等しく備わっているということだ。この空っぽの無用で非生産的な場は、感性的な現実存在がとる様々な形式の通常の分配、そしてそれらの形式に結びついた「能力」と「無能力」の通常の分配に生じる切断を明確に示している。このプロジェクトに関連する映画のなかで、シルヴィ・ブロシェは、住民たちがそれぞれの選んだフレーズ、つまり彼らの美的なスローガンのようなものをプリントしたTシャツを着ているのを見せた。こうしたフレーズのなかで私が記憶に留めているのは、ひとりのヴェールをかぶった女性のものだ。そのフレーズは、その場が何を形にすることを目的としているのかについて、彼女自身の言葉で語っている。「自分で満たすことのできる空っぽの言葉が欲しい」と。

以上のことに基づいて、芸術と政治の関係のパラドックスを言い表すことができる。芸術と政治は、ディセンサスの形式として、つまり感性的なものの共通の経験を再編成する操作として、隣り合わせになっている。政治的な主体化の行為によって、何が目に見えるのか、それについて何を言いえるのか、そしていかなる主体にそれを行う能力があるのかが定め直されるという意味において、政治にはその美学=感性論がある。そして、言葉の流通、目に見えるものの顕示、情動の産出の新たな形式によって、可能事のかつての布置と断絶した新たな能力が規定されるという意味で、美学にはその政治がある。つまり、個々の芸術家の政治に先立つ芸術の政治があるのだ。それは共通の経験の諸対象を特異な仕方で切り分けることとしての芸術の政治であり、芸術家の抱きえる、なんらかの大義に奉仕しようとする望みとは関係なしにそれ自体で作用する。美術館、書物、あるいは劇場の効果は、あれこれの作品の内容以前に、それらが打ち立てる空間と時間の分割と感性的な現前化〔感覚可能な形で提示すること〕の様態に由来する。しかしながら、この効果は芸術それ自体の政治的な戦略を定めているのでもなければ、政治行動に対する芸術の計算可能な寄与を定めているのでもないのだ。

したがって、芸術の政治と呼ばれているものは、種々の異質な論理が組み合わさったものである。まず、「美学の政治」と呼ぶことのできるもの、つまり、ひとつの芸術的体制に固有な、感性的な経験を構造化する際の諸形式が、政治的な領域に及ぼす効果がある。芸術の美的=感性論的体制においては、それは中性化した空間の構成、作品の用途〔宛て先〕の消失、作品の無差別な利用可能性、種々の異質な時間性の重なり合い、再現＝表象される主題の平等、作品が差し向けられる人々の無名性を意味する。これらの固有性すべてが、ひとつの固有な経験形式の領域として、すなわち感性的経験におけるその他の連結形式からは切り離された経験形式の領域として、芸術の領域を定めている。それらはまた、この美的分離をパラドキシカルな形で補完するところのもの、つまり芸術の制作そのものに内在するような基準が不在であるということ、そして芸術に属するものと属さないものとの分断が不在であるということを示している。この最後の二つの固有性の関係が、ある種の美的民主主義を定めるのだが、この民主主義は、芸術家の意図によるものでも、政治的主体化というタームで規定可能な効果を持つものでもないのである。

次に、この枠組みの内部で、芸術家たちの様々な戦略が生じる。それらは、様々な知覚が織りなす感性的な組織のなかや様々な情動の間に働く力学のなかに切断を生じさせるという目的で、目に見えるものと言い表せるものの基準を変えたり、見られていなかったものを見せたり、あまりにもたやすく見られていたものを別様に見せたり、関係し合っていなかったものを関係づけたりしようとする。それこそフィクションの作業である。フィクションは現実世界に対立する想像世界を創造することなのではない。それはディセンサスをもたらす作業である。つまり、枠組みや尺度、あるいはリズムを変えることで、そしてまた仮象と現実、特殊と共通、可視的なものとその意味との間に新たな関係を構築することで、感性的な現前化の様態や言表の形式を変える作業である。この作業は再現＝表象可能なものの座標を変える。感性的な出来事に対するわれわれの知覚を変え、われわれがそれらの出来事を種々の主体に結びつけるやり方、そしてわれわれの世界が様々な出来事や形象によって満たされる仕方を変えるのだ。そのようにして、近代小説は経験のある種の民主化を実践してきた。古典的なフィクションは、各主題、出来事、知覚、脈絡の間にあるヒエラルキーによって支配されていたが、近代小説はこのヒエラルキーを壊すことで、すべての者に可能な生活様式を新たに分配することに寄与した。しかし、経験を再－記述するこれらのミクロ政治と、言表を行う政治的集団の構成との間に、特定の対応原理があるわけではないのだ。

こうして、美的経験の形式とフィクションの様式は、可視的なものの未曾有の風景、個別性と連結の新たな諸形式、所与を把握する際の様々に異なるリズム、種々の新たな尺度を作り出す。様々な「私たち」、集団的言表行為の様々な形式を作り出すという、政治的な活動に特有のやり方でそれを行うのではない。しかし、美的経験の形式とフィクションの様式はディセンサスをなす織物を形成し、そのなかで、政治的集団の行動に固有な、客体を構築する諸形式および主体的言表行為の諸可能性が浮かび上がるのである。厳密な意味での政治が無名の者たちに発言権を与える主体を産出することに存するとすれば、美的＝感性論的体制における芸術に固有の政治は、無名な者の感性的な世界、「あれ」や「私」の様々な様態を、丹念に作り上げていくことに存する。このように作り上げられた世界や様態のなかから、政治的な「私たち」に固有の世界が姿を現す。しかし、こうした効果は、それが美的＝感性論的切断を経由するものである以上、規定可能ないかなる計算にも委ねられはしないのだ。

感性的経験の形式を根源的に変革するという使命を芸術に与えた主要なメタ政治の数々が乗り越えようとしたのは、この未規定状態である。「それ」の芸術的制作の作業と「私たち」の政治的創造の作業の間の関係を、はっきり定めようとしたのである。その代償として、芸術的制作と政治的創造は生活様式を変革するただひとつの同じプロセスとなり、芸術はその歴史的な約束を果たすことで自らを消去するという使命を課されることになるわけだ。

このように、「芸術の政治」は次の三つの論理が絡み合ってできている。美的経験の形式の論理、フィクションの作業の論理、メタ政治的戦略の論理である。この絡み合いはまた、私が定義しようとした有効性の三つの形式が、相反しながら特異な仕方で編み込まれるということでもある。再現＝表象によって種々の効果を生み出そうとする再現＝表象の論理、再現＝表象の目的を中断することで種々の効果を生み出す美的＝感性論的論理、そして芸術の形式と政治の形式が直接一体化することを望む倫理的論理である。

批判的芸術の伝統は、この三つの論理をただひとつの同じ処方のなかで連結しようとした。美的＝感性論的距離の効果を再現＝表象的関係の連続性のうちに閉じ込めることによって、活力の動員という倫理的効果を確保することを試みたのである。この試みに、ブレヒトは Verfremdung ――一般に「異化」〔distanciation〕と訳される異他的なものになること――という象徴的な名を与えた。異化とは、美的＝感性論的関係の未規定状態が再現＝表象的フィクションの内部に送還され、異質性がもたらす衝突の威力に凝縮されたものなのだ。この異質性——偽物の象の販売や、詩句を用いて対話するカリフラワー商人などの風変わりな物語——はそれ自体、二重の効果を生み出さねばならなかった。感じ取られた異他性がその理由を理解することによって解消されなければならない一方で、この理解を反抗力へと変えるために、異他性の触発力が損なわれることなく伝達されなければならなかったのだ。したがって、異化とは相異なる感覚可能性の美的=感性論的衝突と再現=表象による風俗の改善、つまり美的=感性論的分離と倫理的連続性とを、ただひとつの同じプロセスに融合させてしまうことだった。しかし、感覚可能性の二つの様態の衝突が物事の理由の理解に翻訳され、この理解が世界を変えようとする決断を導くなどという道理はない。批判的作品の装置が孕んでいるこのような矛盾は、だからといってこの作品を効果のないものとするわけではない。批判的作品の装置は、知覚可能なものと思考可能なものの地図を変容させ、感性的なものの新たな経験形式を作り出し、所与の今ある布置に対して新たな距離を生み出すことに寄与しうる。しかしこの効果は、芸術がもたらす感性的な衝撃、知性による自覚、そして政治的動員が、計算可能な仕方で互いを伝達し合うことではありえない。ひとつのスペクタクルを見ることから世界を理解することへ、知的に理解することから行動の決断へという具合に事は進みはしない。むしろある感性的な世界から、異なる許容と非許容、異なる能力と無能力を定める別の感性的な世界へと進むのだ。効果を及ぼすのは分離である。つまり感覚《サンス》と意味《サンス》の関係の切断、可視的な世界、触発の様態、解釈の体制、可能性の空間といったものの間にある関係の切断である。それは、ある秩序のなかでそれぞれがそれぞれの場におさまることを可能にしていた感性的な目印を断ち切ってしまうことなのだ。

批判的芸術の目的とその有効性の実際の形式とが隔たっていても、世界を理解するための体系とそれが助長すると考えられている政治的な動員の諸形式とが、それだけでそれらをつなぎ止めておくに十分なほど強力なものである限りは、その隔たりは問題とはならなかった。この体系が自明さを失い、これらの形式が力を失ってからというもの、この隔たりは剝き出しになってしまった。批判的言説がひとまとめにしていた「異質な」要素は、実のところすでに、既存の解釈図式によって結びつけられていたのだった。批判的芸術のパフォーマンスは、ディセンサス的な世界が自明であることを糧にしていたのである。だとすれば、次のような問いが提出される。ディセンサス的地平がその自明さを失ってしまったとき、批判的芸術はどうなるのか。コンセンサスという現代のコンテクストのなかで批判的芸術はどうなるのか。

というのも、「コンセンサス」という言葉は、「労使の代表者」間あるいは様々に異なるタイプの共同体間の調停と交渉および専門的判断を優先する「近代的な」統治形態以上のものを意味しているからだ。それは感覚と意味の合致、つまり感性的な現前化様式とその様式に従って与えられるものの解釈体制との合致を意味する。考え方や抱いているあこがれの相違がいかなるものであれ、われわれは同じものを知覚し、それに同じ意味を与えるということだ。経済的なグローバリゼーションというコンテクストは、同質なひとつの世界というイメージを押し付ける。そこで各国家共同体にとって問題となるのは、自分たちにはどうにもできない所与の事柄に順応することであり、そしてまたそれに自分たちの労働市場および社会保障の諸形式を適応させることである。批判的芸術ないしは芸術的な異議申し立ての諸形式を支えていた、グローバル資本主義による支配に対する闘争の自明さは、このようなコンテクストのなかでは消え去ってしまう。商業的必然性に対する闘争の形式は、進歩の必然性に逆らって自分たちの時代遅れの特権を守ろうとする集団の反動とますます見分けがつかなくなる。こうして、グローバル資本主義による支配の拡大は、近代文明、民主主義社会、あるいは大衆個人主義の運命とみなされるようになるのだ。

このような条件においては、異質な要素間の「批判的」衝突に、対立する感性的世界間の政治的衝突との類似はもはや認められない。こうして批判的衝突は、その場をぐるぐると回るようになる。批判装置の意図、手続き、そしてその正当化のためのレトリックは、ここ数十年ほとんど変わっていない。今日でも以前と変わらず、商品の権勢、そしてその理想的アイコンや汚らしい廃棄物の権勢を、使い込まれた数々の戦略によって告発すると言い張っている。パロディ化した広告映画、流用された漫画、再加工されたディスコサウンド、フィギュアになったりソヴィエト式リアリズムの英雄的手法で描かれたりしたテレビコマーシャルのキャラクター、様々に姿形を変える変質者に作り変えられたディズニーランドのキャラクター、雑誌広告に似た内装や消費主義文明の悲しい気晴らしとその廃棄物のヴァナキュラー写真のモンタージュ、あらゆるものを吸収し排泄物に変えてしまう社会機構の内臓を表す、パイプと機器でできた巨大なインスタレーション等々。こうした装置は今日のギャラリーや美術館を満たし続け、それに添えられたレトリックは、こうした装置によって商品の権力、スペクタクルの支配、あるいは権力のポルノグラフィをわれわれに気づかせるのだと主張する。しかしながら、今日世界の誰ひとりとして、こうしたことを気づかせてやらなければならないほどぼんやりしてはいないので、批判のメカニズムはその場で回転し、自らの装置の決定不可能性それ自体を利用する。この決定不可能性は、『革命、反革命〔公転、反公転〕』というチャールズ・レイの作品のなかで、モニュメントの形で寓意的に表現された。作品の見た目は完全に遊園地のメリーゴーランドである。だが芸術家はメリーゴーランドの装置に修正を加えた。馬の装置を全体の回転装置から切り離したのである。こうして馬はメリーゴーランドが回転する間、とてもゆっくりと後ろに進んで行く。この二重の動きがタイトルに字義どおりの意味を担わせる。しかしまた、タイトルは作品とその政治的な立場について、寓意的な意味を与えてもいる。エンターテインメント機械の転覆は、その機械それ自体の動作から区別することができないということだ。そのとき、装置は批判としてのパロディと批判のパロディとの等価性を糧に作動する。二つの効果の間にある関係の決定不可能性に乗ずるのである。

こうして批判的モデルは自らを消去することへと向かう。だが、このことを総括する仕方はいくつもある。最初の仕方は、芸術に課された政治的な任務を軽減し、異質な要素間の衝突を、帰属を同じくする記号の目録に帰着させ、弁証法の論争的な断定口調を、ゲームの軽快さないし寓意の作り出す隔たりに帰着させることに存する。こうした変容についてはすでに他所で論じたので、ここでは立ち戻らないことにする。[13] だが二つ目の仕方は立ち止まって考えてみる必要がある。というのも、これは批判的モデルの軸であると考えられているもの、すなわち観客の意識を攻撃するものであるからだ。つまり観客の意識という、視覚的装置を生み出す芸術と社会関係の変容の間にある媒介を消去するのである。芸術の装置が、直接社会関係を提案するものとなるわけだ。これが、ニコラ・ブリオーによって関係的美学という名で広められた学説である。芸術の仕事の新たな形態は、かつてのような見るための物体を作り出すことにあるのではない。以後、それは直接「世界への関係」、つまり共同体における様々な活動形態を作り出すのである。今日このような制作のなかには、「ミーティング、待ち合わせ、デモ、人間同士の様々に異なるタイプの共同作業、ゲーム、パーティ、宴会場、要するに出会いそして関係の発明の全様式」[14]が含まれえる。そのとき、美術館空間という内部と社会生活という外部は、関係を作り出す二つの等価な場となって現われる。しかし、このような平板化はただちにその裏側を見せる。社会関係の多数性のなかに芸術作品が散逸しても、それが見られなければ意味がない。「なにも見るべきもの」がないありふれた日常の関係が、通常は芸術作品の展示に充てられている空間に範例的な資格で収められるとか、逆に公共空間のなかで

(13) この点に関しては、*Le Destin des images* (La Fabrique, 2003〔『イメージの運命』堀潤之訳、平凡社、二〇一〇年〕) および *Malaise dans l'esthétique* (Galilée, 2005〔『美学に対する不快感』〕) のなかで行った、この転回を象徴的に示しているいくつかの展示についての分析を参照いただきたい。

(14) Nicolas Bourriaud, *Esthétique relationnelle*, Les Presses du réel, 1998, p. 29.

社会的なつながりを作り出すことにスペクタクルとしての芸術形式が与えられるなどという具合に。最初の事例は、リルクリット・ティラヴァニャ〔Rirkrit Tiravanija〕の有名な装置によって典型的に示されている。展示の来場者はキャンピング用のガスコンロや湯沸かしポット、スープの袋などを持たされる。こうしたものは、来場者たちが共同で行動や集会、議論を始めるようにするためのものだ。さらに、ティラヴァニャは自分のアパートを再現し、それを来場者が自由に使えるようにさえしている。来場者はそこで昼寝をしたり、シャワーを浴びたり、あるいは食事の準備をしたりすることができるのである。第二の事例はルーシー・オルタ〔Lucy Orta〕の変形可能な洋服によって例示することができるだろう。これらの洋服は、必要とあれば非常用のテントに変わったり、なんらかの集団デモの参加者たちを直接つなぎ合わせたりすることができるようになっている。膨張可能な驚くべき装置が、碁盤目状に並んだデモ参加者グループが着用している、数字で装飾されたつなぎを結びつけるだけにとどまらず、つながり（link）という言葉そのものを表示し、この多数性の統一を表すという具合にである。行動となること、あるいはつながりとなることが「見られる作品」に取って代わったところで、それ自体が芸術の芸術自身からの範例的な脱出として見られるのでなければ、それは有効性を持たないのだ。

社会関係という現実へと脱出することとその脱出を顕示すること——それだけがこの脱出の象徴的な有効性を保証する——の間を芸術が行ったり来たりするという事態は、ひとりのキューバ人芸術家、ルネ・フランシスコ〔René Francisco〕が、四年前にサン・パウロで開かれたビエンナーレに出品した作品の中によく現われている。この芸術家は、芸術財団の資金を用いて恵まれない地区の生活環境について調査し、友人の芸術家たちとともにこの地区のひとりの老婆の家を改修することに決めたのだった。したがって、作品が見せているのは老婆の横顔のイメージが印刷されたチュール製スクリーンである。老婆のイメージは、芸術家たちが左官となり、ペンキ屋となり、配管工となって作業しているところを映すビデオ映像を流すモニターの方を向いている。このような介入行動が共産主義を掲げる最後の国々のひとつで行われたということは、当然ながら、芸術の所産をめぐる二つの時代、二つの観念の間に衝突を引き起こした。この介入行動は、ソヴィエト革命の時代にマレーヴィチによって表現された壮大な意志の代わりとなるものだった。つまり、もはや絵画作品を作るのではなく、直接新しい生のあり方を構築するのだという意志である。だが今日、このような構築は、困難な状況にある住民を援助することで示される芸術の政治と、ただ単に芸術がそのための場から外に出て現実のなかに介入することで示される芸術の政治との、曖昧な関係に帰着している。しかし、現実への脱出と恵まれない者たちへの奉仕はそれ自体、美術館空間のなかでその範例性が示されなければ意味がない。しかもこの空間のなかでは、この脱出の視覚的な報告に向けられた眼差しは、今日数多くの芸術家たちが幾多の無名の者たちや彼らの生活環境を描いてみせている巨大なモザイク画やタピスリーに向けられる眼差しから区別されない。例えば、中国人芸術家、白宜洛〔Bai Yiluo〕がつなぎ合わせた一六〇〇の証明写真からなるタピスリーだ。それはひとつのまとまりを形作り、――作者の言を引用すると――「家族や共同体を結びつける繊細な絆」を喚起しようとするものである。造形的な形式の代わりに関係の形式を直接作り出す芸術という短絡は、結局のところ、その効果を先回りして実現してしまう作品の短絡である。芸術家が以前スタジオの従業員として撮った写真をつなぎ合わせたのと同じ仕方で、芸術が人間同士もつなぎ合わせるとみなされているのだ。写真のつなぎ合わせはモニュメント的な影像の役割を果たし、その対象であり目的であるところの人間共同体を今ここに現われさせる。今日展示のキュレーターが用いるレトリックのなかに遍在している隠喩という概念は、様々な形態の感性的な配置の提示、その意味の顕示、そしてこの意味を体現する現実との間にあらかじめ想定されたこのような同一性を概念化することを目的としているのである。

　この行き詰まりの感情が、芸術の政治に社会関係全般の生産という目的ではなく、特定の社会関係の転覆という目的を与えようとする意志を育んでいる。それは、市場の様々な形態、支配者たちの決定、メディアによる情報伝達によって定められた関係である。そのとき、芸術行動はシステムの局所的で象徴的な転覆を生み出すことと同一視される。フランスでは、この戦略はひとりの芸術家、マチュー・ロレットの行動によって典型的に示された。彼は食料品の生産者が謳っている、「ご満足いただけなければ返金」という約束を言葉通りに受け取ることに決めたのである。そこで彼はスーパーでこうした商品を買い漁り、返金を受けるために不満を表明し始めた。そしてテレビを通じて嘆願し、すべての消費者が自分に続くようにしむけたのである。結果、二〇〇六年、パリの現代アートスペースにおける「われらの歴史」と題された展示で、彼の仕事が三つの要素を含んだインスタレーションの形で提示された。商品に溢れるキャディーを押している芸術家本人を表す蠟人形、すべてが彼のテレビ出演を流しているいくつものテレビ受像機を組み合わせてできた壁、彼の試みを語る出版物の切り抜きの拡大写真である。展示のキュレーターによると、この芸術行動は、価値の増大という商業的論理とテレビジョーの原理を同時に転倒させているという。しかし、テレビの受像機が九つではなくひとつだけしかなかったら、そして彼の行動を映す写真や報道機関のコメントが通常の大きさのものであったなら、この転倒の自明さは断然見えにくいものとなっていただろう。効果の現実味は、またしてもイメージのモニュメント化のなかで先取りされている。これは今日の多くの作品や展示が示しているひとつの傾向である。ある種の形式の芸術的行動主義を、かつての再現＝表象の論理に連れ戻すのだ。かつて、歴史画の持っていたモニュメントとしての性格が君主――その宮殿をこうした歴史画は飾っていたわけだが――の偉大さを示していたように、作品が美術館の空間のなかで占める場の大きさが、社会秩序の転覆という効果の現実味を証明することに役立っているのである。このようにして、空間を彫刻として占める効果、生身のパフォーマンスの効果、そして修辞的論証の効果が積み重ねられる。日常世界の物体やイメージの複製、あるいは自らのパフォーマンスのモニュメント化した報告などで美術館の展示室を満たすことで、行動主義芸術はそれ自身の効果を模倣し、先取りしているのだが、それによって、自らが主張している有効性のパロディとなってしまうという危険を冒してもいるのである。

派手《スペクタキュレール》な有効性が、自分自身の表明に終始してしまうという同じ危険は、芸術家たちが支配ネットワークに「潜入する」ことを自らの任務とするときにも現われる。ここで私の念頭にあるのはイエス・メンのパフォーマンスである。彼らは偽りの身分を用いて、実業家の会議やジョージ・W・ブッシュの選挙委員会、あるいはテレビ番組といった支配側の要塞に入り込む。実業家の会議では、イエス・メンのうちのひとりがありそうもない監視装置を紹介して、出席者たちを煙に巻いたのだった。彼らの行った最も派手なパフォーマンスは、インドのボパールで起きた惨事に関連するものである。彼らのうちのひとりが、BBCにダウ・ケミカル社の責任者のひとりと思わせることに成功する。ダウ社は、この惨事に責任のあるユニオン・カーバイド社を買収したからである。そして、彼はゴールデンタイムの番組で、同社が責任を認め、犠牲者に賠償を行うことを約束すると告げたのだった。二時間後、言うまでもなくダウ社はリアクションを起こし、株主以外にはいかなる責任も負わないと宣言した。それこそまさしく得ようとしていた効果であったので、デモンストレーションは完璧だった。しかしそれだけでは、メディアを煙に巻くという意味では成功したこのパフォーマンスに、資本の国際的な権力者たちに抗して人々を様々な形で動員する力があるのかどうかはわからない。二〇〇四年にジョージ・ブッシュの選挙運動の運営委員会に潜入した際、それについて総括しながら、イエス・メンは完全な成功が同時に完全な失敗であったことを語っている。完全な成功であるというのは、彼らは敵の理屈や流儀に従って敵を煙に巻いてやったからだ。完全な失敗であるというのは、彼らの行動は完全に識別不可能なものにとどまったからだ(15)。事実、この行動はそれが組み込まれている状況の外でしか、つまりほかの場所で芸術家のパフォーマンスとして展示されることでしか、識別されなかったのである。

これは、支配の現実のただなかでなされる直接行動としての芸術の政治に内在する問題である。このように芸術がそれ自身の場から抜け出すことは、象徴的なデモンストレーションの様相を呈する。それは少し前に政治行動が敵の権力の象徴的な標的をめがけて行っていたデモンストレーションと類似のものである。とはいえ、象徴的行動によって敵に与えられた打撃はまさしく政治行動として判断されるべきものだ。だとすれば、問題はその行動によって芸術がその孤独から権力関係の現実へと抜け出ることに成功したのかどうかではなく、その行動が、標的である支配勢力に対抗する集団行動にいかなる力を与えるのかである。その行動のなかで行使されている能力が、誰でもが持っている能力を肯定し増大するものであるのかどうかが問題なのだ。潜入の達人たちによる個人パフォーマンスが集団行動の新たな政治的形式と直接同一視されることで判断基準が混ぜ合わされると、このような問いは抜け落ちてしまう。このような同一視を支えているのは、資本主義の新たな時代についてのヴィジョンである。そこでは物質的生産と非物質的生産、知、通信、そして芸術パフォーマンスが融合し、集団的知性の能力を行使するというただひとつの同じプロセスとなるそうだ。しかし、集団的知性の行使に数多くの形式があるように、パフォーマンスにも数多くの形式

(15) 二〇〇五年一月十六日に、ベルリンで開かれた *Klartext! Der Status des politischen in actueller Kunst und Kultur*〔現代芸術および文化における政治的なものの地位〕での講演におけるイエス・メンの発言。

と舞台がある。直接政治的であるような新しい芸術家というヴィジョンは、政治行動の現実を美術館の閉域に閉じ込められた芸術の見せかけ《シミュラークル》に対立させるのだと主張している。しかし、芸術の政治に内在する美的＝感性論的距離を撤廃することで、このヴィジョンはおそらく逆の効果を持ってしまう。美学〔感性論〕の政治と政治の感性論〔美学〕との隔たりを消去することで、政治がそれに固有な主体化の舞台を作り出す際に行う諸操作の特異性をも消し去ってしまうのだ。こうして逆説的にも、このヴィジョンは芸術の有効性を芸術家たちの意図の実行と再び同一視することで、名手にして戦略家としての芸術家という伝統的なヴィジョンを助長してしまうことになる。

したがって、芸術が自らの場から出て「現実世界」に介入するという形では、芸術の政治は自らのパラドックスを解消することはできない。芸術の外部であるような現実世界があるわけではない。共通の感性的な織物が折られ折り返されて、そこで美学〔感性論〕の政治と政治の感性論〔美学〕が結合しまた分離するのである。現実そのものなどない。われわれにとっての現実として与えられ、われわれの知覚、思考、介入の対象として与えられているものの、種々の布置があるのだ。現実は常にフィクションの対象となる。つまり、見えるもの、言いえるもの、そして為しえるものが結び合わされる空間の構築の対象となるのだ。支配的なフィクション、コンセンサスに基づくフィクションは、自らを現実そのものなのだと思わせ、この現実の領域と、再現＝表象、仮象、オピニオン、ユートピアといったものの領域との間に単純な分割線を引くことで、自らのフィクションとしての性格を否認しているのである。芸術的フィクションも政治的行動も、この現実に穴をあけ、論争的な様式でそこに亀裂を生じさせ、それを複数化する。政治の作業は新たな主体を発明し、種々の新たな客体を入り込ませ、共有されている所与の異なる知覚をもたらすが、この作業もまたフィクションの作業なのである。それゆえ、芸術から政治への関係は、フィクションから現実への移行ではなく、フィクションを産出する二つの様式の関係なのである。芸術の実践は、その外側にあるとされるような政治のために、様々な意識のあり方や人々を動員するための様々なエネルギーを提供する道具なのではない。だからといって、自らの外に出て、集団的な政治行動の形式となるのでもない。この実践は、見えるもの、言いえるもの、為しえるものの新たな風景を描くことに寄与する。それはコンセンサスに抗して、別の形の「共通感覚」、つまり、論争的な共通感覚の様々な形式を作り上げるのである。

だとすれば、批判の手法が退行する〔その異質性を失って一般化する〕ことで可能となるのは、熱狂から冷めたパロディか、それとも行動主義的な自己表明か、という二者択一だけではない。いくつかの自明さが退くことで、数々のディセンサスの形式にも道が開けるのだ。いわゆるイメージの氾濫のなかで見えなくなっているものを見せようと努めるもの、すべての者が持っている、再現＝表象し、語り、行動する能力を、まったく新しい形で働かせるもの、感性的現前化の諸体制の間に走る分割線をずらすもの、芸術の種々の政治を再検討し、フィクション化し直すもの、という具合である。別様に理解された批判的芸術には数々の形式がある。語の本来の意味では、「批判的」とは分断や差別化に関わる事柄を意味する。批判的な芸術とは、分断線をずらす芸術、つまりコンセンサスに基づいた現実の織物に分断を生じさせ、まさにそうすることによって、コンセンサスに基づいた所与の領域を形成する分断線を攪乱する芸術である。例えば、ドキュメンタリーとフィクションを分断する線は、人類を受動的な者と能動的な者、客体となっている者と主体となっている者という二つのタイプにとかく分断しようとするジャンル分けに対応する。フィクションはイスラエル人のために、ドキュメンタリーはパレスチナ人のためにある、ゴダールは皮肉を込めてそう言っていた。まさにこの分断線を、パレスチナやレバノンの——そしてまたイスラエルの——数多くの芸術家たちが攪乱している。彼らは、占領や戦争の現状を扱うために、大衆的なものから洗練されたものまで種々様々なジャンルからフィクションの形式を借り受けたり、あるいはまた偽のアーカイブを構築したりしている。このように表現体制の分断線を問題にし直すフィクションを批判的と呼ぶことができるし、社会がその「受動的な」周辺に打ち捨てている者たちが有する語りそして遊ぶ能力を顕示することで、「犠牲者化によって生み出される状況悪化のサイクルを逆転させる」(16)パフォーマンスを批判的と呼ぶこともできる。しかしながら、批判の作業、つまり分断に働きかける作業は、自らの実践に固有の限界を検討する作業、自らがどのような効果をもたらすのかを先取りすることを拒絶し、この効果が生み出される場である美的＝感性論的分離を重視する作業でもある。要するに、観客の受動性を消滅させようとする代わりに、その能動性を検討し直す作業なのである。

　この点を二つのフィクションを例にとって示したいと思う。この二つのフィクションは、それらがスクリーンの平面上で保っている距離そのものによって、芸術の力量と大衆の政治的能力の関係をめぐる問いをより明確に言い表すのに役立つだろう。最初のものは、アンリ・サラ〔Anri Sala〕のビデオ作品、『私に色をください』〔*Dammi i Colori*〕である。この作品は、芸術の政治のなかで中心的な役割を果たしていたものを再び舞台にあげている。集団生活の感性的形式を構築することとしての芸術という思想である。数年前、アルバニアの首都ティラナの市長は、彼自身画家であったので、市の建物の外壁を鮮明な色彩で塗り直すことを決めた。それは単に住民の生活環境を変容させるというだけのことではなく、空間を集団でわがものにすることの、美的＝感性論的意味を出現させることであった。当時、共産主義体制の崩壊後に残されていたのは、ただ個人個人がなんとかうまくやっていくことでしかなかったからだ。したがって、それはシラーの人間の美的教育というテーマ、そしてアーツ・アンド・クラフツ、工作連盟、あるいはバウハウスの芸術家たちがこの「教育」に与えたあらゆる形式の延長上に位置づけられるプロジェクトである。つまり、線、立体、色彩、あるいは装飾に対する感覚によって、感性的世界にともに住まうための適切な様式を創造することである。アンリ・サラのビデオのなかで、芸術家市長は、ひとつの共同体を先取りするための、

(16) ジョン・マルピード〔John Malpede〕へのインタビュー（www.inmotionmagazine.com/jm1.html）。ジョン・マルピードはロサンゼルス貧困局〔Los Angeles Poverty Department〕のディレクターである。このオルタナティヴな演劇団体は、LAPD〔Los Angeles Police Department〕というかの有名なイニシャルを、皮肉をこめてもじったわけである。

そしてヨーロッパで最も貧しい首都をみなが街角やカフェで芸術を語る唯一の首都に変えるための色彩の力について語っている。しかしまた、長い移動撮影《トラヴェリング》とクローズアップによって、この美的な都市の模範性は破裂する。彩られたその他の表面、町のその他の一画が現われ、市長の発言と突き合わされるのだ。あるときは、青、緑、赤、黄、あるいは橙の外壁を次々と現われさせながら、カメラは実行に移された都市プロジェクトをわれわれに見物させているように見える。またあるときは、カメラはこのモデル都市を無関心な群衆たちが横断している様を映したり、あるいはまた、下方に向けられ、壁の極彩色の夢幻境を、でこぼこで塵芥に覆われた車道のぬかるみに突き合わせたりする。さらにまたあるときには、カメラは色とりどりの四角い面に寄って行き、それを生活の変容のプロジェクトとは無関係の、抽象的な広がりに変えてしまう。こうして作品の表面は、美的意志が建物の外壁に投げかける色彩と、外壁がその意志に投げ返す色彩との間に、緊張関係を作り出す。距離の芸術の可能性が、芸術と生を形式の創造というただひとつのプロセスのなかで融合させてしまおうとする政治を曝け出し、問題化するために用いられているのである。

ポルトガルの映画監督、ペドロ・コスタの三つの映画(『骨』、『ヴァンダの部屋』、『コロッサル・ユース』)の核心にあるのは、また別の色彩の機能であり、また別の芸術の政治である。これらの映画が主題としているのは、フォンタイーニャスのスラム街で、ドラッグと些細な仕事の間を行き来する、リスボンのはみ出し者たちやカーボヴェルデ移民たちの小集団である。この三部作は、政治や社会に深くコミットしてきた芸術家の作品である。だからといって、彼にとって問題なのは、劣悪な住居に生きる者たちの生活環境を改善してやることや、スラム街を存在させ、次いでそれを始末する、グローバルな経済および国家の論理を説明することなどではまったくない。貧困を「美化すること」をわれわれに禁じる広く容認された道徳とは反対に、ペドロ・コスタはこの最低限の生活の場が提示している芸術的可能性を引き立たせるための、あらゆる機会をとらえているように思われる。ペットボトル、ナイフ、コップ、そのほかにもいくつかのものが、不法に占拠されたアパートのなかで、白い木製のテーブルのうえに放り置かれている。そして照明がテーブルの甲板をかすめれば、美しい静物画の出現である。この電気の通っていない住居に宵が訪れると、同じテーブルのうえに灯された二本の蠟燭が、惨めな会話や麻薬注射に、オランダ黄金時代の明暗法絵画の様相を与えるだろう。スラム街を解体するパワーショベルの作業は、家々が崩れ落ちるなかに、彫刻を思わせるコンクリートの残りくずや、青、淡紅、黄、緑といった色彩が対照をなす広い壁面を引き立たせる。しかし、このような「美化」が意味しているのはまさしく、知的にも視覚的にもありふれたものとなってしまった貧困や社会の周縁部の領域に、共有可能な感性的豊かさを持つ潜在的な可能性を取り戻させることである。したがって、芸術家が色とりどりの広がりや特異な建造物を賛美することに、彼が自分の支配の及ばないものに身を曝すことが正確に対応しているのだ。登場人物たちは、ドラッグに浸る閉じられた場と取るに足りない種々の仕事をこなす外部の間をさまよい、ドラッグ中毒の若者たちが、咳き込みうちひしがれながらも、自分たち自身の物語を語り、それを思考する可能性、自分たちの生活を検討し、たとえわずかに過ぎなくとも、それを再び手中に収める可能性をもぎ取ろうとして用いる言葉は、緩慢で、大雑把で、たびたび中断されてはまた繰り返される。不法占拠者たちのひとりが、同僚たちの異議にもかかわらず、パワーショベルの餌食となるであろう不法占拠の建物内の白い木製のテーブルの染みを、ナイフを使って丹念に落とそうとする。その「美的」執着と、このテーブルのうえにおかれたペットボトルや拾ってこられた物たちからなる光に照らされた静物画が、こうして調和するのだ。

このように、ペドロ・コスタが実行している美学〔感性論〕の政治は、社会学的ヴィジョン――そこで芸術の「政治」とは、ひとつの状況を、それがフィクションに基づくものであれ、現実のものであれ、社会的条件によって説明することを意味する――からも、倫理的ヴィジョン――これは眼差しと言葉の「無力」を直接行動によって置き換えようとする――からも、等しく隔たっている。彼の作業の核心にあるのは、反対に眼差しと言葉の力であり、眼差しと言葉がもたらす中断の力なのだ。というのも、政治の問いはまずもって、どんな身体にも備わっている、自らの運命を手中に収める能力についての問いだからである。それゆえコスタは、身体の無力とその潜在的能力との関係に、そして生とそれに可能なこととの対照に専心しているのだ。このようにして、彼は美学〔感性論〕の政治と政治の感性論〔美学〕が関係を取り結ぶところに身を置く。しかし、彼はまたそれらの分離を受け入れてもいる。つまり、「排除」の景色に新たな可能性を与える芸術的提示と、政治的主体化に固有の力の間にある隔たりを受け入れているのである。『ヴァンダの部屋』においては、美しい静物画と声を再び勝ち取ろうとする身体の努力との関係として、美的＝感性論的な和解が具現されているように見える。しかし、それに続く作品『コロッサル・ユース』は、この和解に新たな分裂を対置する。落ち着いてしまったはみ出し者たち——ひとりは能弁な一家の母に成り変わり、もうひとりは模範的な勤め人と成り変わった——に、カーボヴェルデ移民、ヴェンチュラの悲劇的な姿が突き合わされる。彼はかつて左官だったのだが、足場から落下してしまい仕事ができなくなり、またそのために精神に障害をきたし、普通の社会生活を営めなくなってしまった。ヴェンチュラ、彼のすらりと長い体型、粗野な目つき、簡潔な言葉遣いを見せるのは、困難な生活のドキュメンタリーを差し出すためではない。それは、植民地化され、反乱し、移民するという歴史が内包している経験としての豊かさをあますところなく採取するためであると同時に、この歴史の果てに、ひとりの個人を彼の世界から、そして彼自身から切り離した裂け目という、共有不可能なものに立ち向かうためでもある。ヴェンチュラは「移民労働者」なのではない。つまり、その威厳を取り戻させ、彼が作り上げるのに貢献した世界を享受させてやらねばならないような、ひとりのしがない男なのではない。彼は、オイディプスやリア王のような、一種の崇高なる放浪者であり、自分から交信や交流を断ち切って、芸術が自らの力と無力とを突き合わせるようにするのである。映画は、愛と流浪を語る一通の手紙の二度の朗読の間に奇妙な美術館訪問を挟み込むことで、まさしくそれを行っている。かつてヴェンチュラがその壁面を築き上げるのに加わったグルベンキアン財団美術館で、ひとつのルーベンス作品とひとつのヴァン・ダイク作品の間に、彼の黒いシルエットが、まるで異物のように浮かび上がる。彼は闖入者であり、この「古い世界」に逃げ場所を見つけた彼と同郷の男によって、静かに出口へと追いやられる。しかし彼はまた、額縁に閉じ込められ、見る者たちに彼らの経験の感性的な豊かさを送り返してやることもできない、これらの色彩を持つ広がりに投げかけられた疑問でもあるのだ。映画監督が窓際にある四つの瓶を使って作り上げることのできたもうひとつの静物画、それを収めるみすぼらしい住居のなかで、ヴェンチュラが国に残してきた女性に宛てた一通の恋文を読んでいる。この手紙のなかで、家を留守にしている男は、仕事や別れを語っている。しかしまた、二人の人生を二〇年、三〇年と美しく輝かせるであろう再会、愛しい人にたくさんの煙草、数々のドレス、一台の車、一軒の溶岩の家、ひとつの廉価な花束をプレゼントするという夢、そして日々新しい言葉、上質な絹のパジャマみたいに、ただ二人の身の丈だけに合わせて仕立てられた美しい言葉を覚えようとする努力についても語っている。映画のなかでリフレーンとなって用いられているこの手紙は、まさしくヴェンチュラによるパフォーマンスとして現われる。移住者たちの生活や経験からも、不在を埋め合わせ愛する者に近づくための彼らなりのやり方からも切り離せない、共有のための技法〔芸術〕のパフォーマンスとして。しかし、高級芸術と民衆のなかに息づく技法との対立の純粋さは、ただちに攪乱される。ペドロ・コスタは、この手紙を二つの異なる資料をもとにして組み立てた。実際に移民たちが書き送った手紙と詩人が書いた一通の手紙である。それはロベール・デスノスが、テレジンへ、そして死へと向かう道の途上で、フレーハの収容所からユキに書き送った、最後の手紙のうちの一通である。

生に結びついた芸術、手、眼差し、そして声の作業の共有された経験が織りなす芸術、こうした芸術は、このような「パッチワーク」の形でしか存在しない。映画は、貧しい者たちの恋文や彼らが共有する音楽の等価物ではありえない。しがない暮らしをおくる者たちに、彼らの世界の感性的な豊かさを取り戻させてやるだけの芸術であることはもはや不可能なのだ。映画は自らを分離しなければならない。そしてひとりの芸術家が、経済的流通や社会的軌道の埒外に押しやられた者たちの経験を新たな形象に翻訳しようとするために用いる、表面でしかないことを受け入れなければならない。民衆の芸術の名において美的=感性論的分離を問い直したところで、映画は映画のままである。つまり眼差しと聴取の実践のままである。それはスクリーンの平らな表面のうえで、ひとりの観客がほかの観客たちに差し向ける作業なのだ。それに、現行の配給システムが、ヴァンダやヴェンチュラの物語を「映画祭映画」あるいは美術館作品といったカテゴリーに押し込めることで、この観客たちの数や多様性を厳密に限定することを引き受けるだろう。政治的映画というのは今日、ひとつの映画の代わりに作られる映画のことを意味するのかもしれない。つまりそれは、映画が自らの形式の効果を思考する枠組みとなる、言葉、音、イメージ、身振り、そして情動の流通様態に対して、映画自らが取っている距離を示す映画なのである。

この二つの作品に言及することで、私は今日の政治的芸術があるべき姿のモデルを提示しようとしたわけではない。そのようなモデルなど存在しないということは、十分に示せたものと願いたい。映画、写真、ビデオ、インスタレーション、その他あらゆる形式の身体と声と音のパフォーマンスは、われわれの知覚の枠組み、われわれの情動の力学を作り上げ直すことに寄与する。それによって、これらの芸術は政治的主体化の新たな諸形式へのありうべき通路を開く。しかしどれひとつとして、美的＝感性論的切断を免れることはできない。この切断は効果と意図を切り離す。そして言葉とイメージの向こう側であるような現実へと向かうあらゆる王道〔近道、安易な道〕を禁じる。向こう側などありはしない。批判的芸術とは、自らの政治的な効果が美的＝感性論的な距離を経由するということをわかっている芸術である。この効果が保証されえないこと、この効果には常に一片の決定不可能性が含まれていることをわかっているのだ。しかし、この決定不可能性を思考し、そこから作品を作り上げる仕方は二通りある。ひとつは、それを対立し合うものが等価となるような世界のひとつの状態とみなし、この等価性のデモンストレーションを新たな芸術的妙技のきっかけとするやり方。そしてもうひとつは、そこに複数の政治の交錯を認め、この交錯に新たな姿を与え、その緊張関係を探査することで、諸可能事の均衡と諸能力の分配にずれを生じさせるやり方である。

許しがたいイメージ

何がひとつのイメージを許しがたいものとするのだろうか。この問いは、われわれがひとつのイメージを見て、苦痛や憤りを感じずにはいられないようにするのはいかなる特徴であるのかを問うているだけのようにまずは見える。しかし、この問いにはもうひとつの問いが包み込まれていることが直ちに明らかとなる。それは、そのようなイメージを作り出し、他人たちの眼差しに差し出すことは、許せるものなのかという問いである。写真家、オリヴィエロ・トスカーニが最近行った挑発行為のひとつを考えてみよう。裸で痩せこけた拒食症の若い女性を見せるポスターが、二〇〇七年ミラノでのファッション・ウィークに際して、イタリア全土に張り出された。ある者たちは、見かけの優美と豪奢に隠された苦痛と拷問の現実を示す、勇気ある告発であるとそれを讃えた。またある者たちは、スペクタクルの真相をこのように見せびらかすのは、スペクタクルによる支配のなお一層許しがたい形式であると告発した。というのも、このポスターは憤りという仮面をかぶって、野次馬たちの眼差しに美しい仮象だけでなく、おぞましい現実をも差し出しているからである。写真家は、仮象のイメージに現実のイメージを対立させたのだった。ところが、今度は現実のイメージの方が嫌疑をかけられる。そのイメージが見せているものは、イメージという様式で提示されるにはあまりに現実的すぎる、許しがたいほど現実的すぎる、と考えられているのである。それは単に人の尊厳の尊重の問題なのではない。イメージは現実を批判するには不適格である、と宣告されているのだ。なぜなら、それはこの現実と同じ可視性の体制に属しているからである。この現実は、その輝かしい仮象の面と、その裏側の浅ましい真相を代わる代わるにひけらかすが、これらはただひとつの同じスペクタクルを構成しているのだ、というわけである。

イメージのなかにある許しがたいものからイメージの許しがたさへのこの移行は、政治的芸術を貫いている緊張の核心にあるものだった。例えば兵士たちの前を泣きわめきながら歩く裸の少女の写真のように、いくつかの写真が、ベトナム戦争当時どのような役割を演じることができたのかはよく知られている。苦痛と死を示すこれらのイメージの現実を、ベトナムの大地をナパーム弾で焼き尽くすために兵士たちを送り込んでいる当の国で、近代的で設備の整った美しいマンションのなかに生きる喜びを見せる広告のイメージと対照させることに、政治にコミットする芸術家たちがどれほど打ち込んでいたかもよく知られている。マーサ・ロスラーの連作『戦争を家庭に持ち込む』、とりわけ、死んだ子供を抱えたベトナム人を明るく広々としたマンションのなかに見せる例のコラージュについては先ほど言及した。死んだ子供は、快適なアメリカ的生活によって隠された、許しがたい現実であった。この許しがたい現実を、この生活は努めて見ないようにしていたのに、政治的芸術がそれを鼻先に突きつけてきたのだ。現実と仮象のこのような衝突が、現代におけるコラージュの実践のなかでどのように消滅してしまったのかについてはすでに指摘した。そこでは政治的な抗議が、高級商品や広告イメージと同じ資格で若者ファッションを示すものとなってしまう。だとすれば、イメージが仮象の威光に対立させることのできるような許しがたい現実などもはやなく、イメージのただひとつの同じ氾濫、ありとあらゆるものを陳列するただひとつの同じ体制があるのみだということになろう。そしてこの体制こそが、今日許しがたいものを構成しているということになろう。

このような転回は、もはや現実を証言する手段も、不正を打ち砕く必要性も信じられてはいない時代に抱かれる幻滅によってのみ引き起こされたわけではない。それは、闘争目的で許しがたいイメージを使用することのうちにすでに存在していた、ある表裏性を証言するものである。死んだ子供のイメージは、アメリカ的生活の作り物の幸福のイメージを引き裂くと考えられていた。この幸福を享受している者たちの目を、この現実の許しがたさ、そして彼ら自身がそれに共謀しているという許しがたさに向けて開かせ、彼らを闘争に駆り立てると考えられていた。しかしながら、このような効果が生み出されるかどうかは決定不可能なままにとどまる。明るい壁に囲まれ、広々とした美しいマンションのなかにいる死んだ子供という光景は、確かに耐え難いものだ。だからといって、この光景がそれを目にした者たちに帝国主義の現実を意識させ、それに反抗しようと思わせるという、特別な理由はない。こうしたイメージに対する通常の反応は、目を閉じることや視線を背けることであるか、さもなければ、戦争のおぞましさや人間の殺人的な狂気を非難することである。イメージがその政治的効果を生み出すためには、そのイメージが示しているのはアメリカ帝国主義であって人間全般の狂気ではないということを、観客がすでに確信していなければならない。そして自分自身、世界の帝国主義的な搾取を基盤とした繁栄を共有するという罪を犯しているのだということも確信していなければならない。さらに、ここにいて何もしていない自分、こうした苦痛と死のイメージを、その責任者である列強諸国に闘争を仕掛けることもなくただ眺めている自分を、罪深いと感じるのでなければならない。要するに、罪悪感を引き起こすに違いないイメージを眺める自分を、すでに罪深いと感じていなければならないのだ。

これがイメージの政治的なモンタージュに内在している弁証法である。つなぎ合わされるイメージの一方は、他方の示す幻影を告発する現実の役割を演じなければならない。しかし同時に、そのイメージはこの幻影を、それ自身が組み込まれているわれわれの生活の現実として告発する。あるシステムの現実を告発するイメージを眺めるというだけで、すでにこのシステムと共犯関係にあるとみなされるのである。マーサ・ロスラーがその連作を作り上げていた頃、ギー・ドゥボールは、彼の著作、『スペクタクルの社会』を基にした映画を撮っていた。彼が言うには、スペクタクルとは生の逆転である。生の逆転としてのスペクタクルというこの現実を、彼の映画はすべてのイメージのなかに等しく具現されているものとして示していた。支配者たち――資本主義の支配者であれ共産主義の支配者であれ——のイメージ、映画スター、ファンションモデル、広告用のモデル、カンヌの浜辺の駆け出し女優のイメージ、あるいは商品やイメージの一般的な消費者のイメージといった、すべてのイメージのなかにである。これらのイメージはすべて同等である。同じやり方で、許しがたい同じ現実を語っているのだ。つまりわれわれ自身から切り離された生の現実、スペクタクルの仕掛けによってわれわれに対面し、われわれに対抗する死せるイメージへと変えられた生の現実を語っているのである。こうなると、許しがたいものを示し、それに対する闘争へわれわれを向かわせるような力を、いかなるイメージに授けることも以後不可能となるように見える。そしてなすべきことはただ、イメージの受動性、その疎外された生に、生きた行動を対置することだけであるように見える。だがそのためには、イメージを消滅させねばならないのではないか。スクリーンを闇に投じ、唯一スペクタクルの虚偽に対抗することのできるものである行動へと呼びかけなければならないのではないか。

ところが、ギー・ドゥボールはスクリーンに闇を据え付けはしなかった[17]。それどころか、彼はスクリーンを、イメージと行動と言葉という三つの項の間で特異な戦略的駆け引きが行われる舞台としたのである。この特異さは、『スペクタクルの社会』に挿入されているハリウッドの西部劇映画

（17）　ところが、それ以前の作品『サドのための絶叫』〔*Hurlements en faveur de Sade*〕のなかでは、それが行われているということを思い起こしておこう。

や戦争映画の抜粋のなかによく現われている。こうした映画のなかで、ハリウッドスターにしてアメリカ極右の擁護者であるジョン・ウェインやエロール・フリンが、肩で風を切って歩いているのを見るとき、そして一方がシェナンドー谷における自らの武勲を語り、他方がカスター将軍の役を演じて白刃を振りかざして突撃するとき、われわれはまずそこに、アメリカ帝国主義とハリウッド映画によるその称揚に対する、パロディー風の告発を見るようにいざなわれる。多くの者が、ギー・ドゥボールの推奨している「流用」をこのような意味で理解している。ところがそれは誤解なのだ。プロレタリアの歴史的役割に関するひとつの主張を例証するために、彼はいたって真剣に、ラオール・ウォルシュの『壮烈第七騎兵隊』から取ってきたエロール・フリンの突撃を挿入したのだ。彼がわれわれに要求しているのは、サーベルをかざして突撃するこの誇り高きヤンキーたちを馬鹿にし、ラオール・ウォルシュやジョン・フォードが帝国主義的支配と共犯関係にあることを意識することではない。われわれがこの闘争ヒロイズムを受け継ぎ、映画のなかで役者たちによって演じられたこの突撃を、スペクタクルの帝国に対する実際の襲撃に変容させることを要求しているのだ。これは、一見パラドックスであるように見えるが、スペクタクルに対する告発のごく論理的な帰結である。すべてのイメージが、逆転し受動的となった生を示しているだけなのであれば、イメージが遠ざけてしまった能動的な力を引き出すには、それをひっくり返せばよい。それが、より控え目にではあるが、映画の冒頭部分のイメージによって与えられている教訓である。美しい体をした二人の若い女性が、光のなかで喜びに浸っているのをわれわれは目にする。性急な観客は、イメージによって与えられかつかすめ取られた想像的所有が告発されているのだと思ってしまうかもしれない。実際、少し先では女性の体の別のイメージ――ストリッパー、モデル、裸の若手女優等――によって、この想像的所有が例証されている。しかし、この見た目の類似の下には根本的な対立が隠されている。というのも、最初のイメージの方は、広告やニュース映画といったスペクタクルから抜き出されたものではないからである。それらのイメージは芸術家によって作られたイメージであり、彼の伴侶と友人の女性を映し出すものなのだ。こうして、それらは能動的なイメージとして現われる。そこに映し出される身体は、スペクタクルの受動的な関係のなかに閉じ込められているのではなく、愛の欲望の能動的な関係のなかに身を投じているのである。

このように、観客であるというだけのこと、そしてイメージを眺めるというだけのことが悪しきことであるとわれわれに示すためには、行動のイメージ、真の現実のイメージ、あるいは真の現実へと即座に逆転可能なイメージが必要である。行動は、イメージという悪、観客であるという罪に対する、唯一の応答として提示される。しかしながら、観客に提示されるのは、なおもイメージなのだ。この見かけ上のパラドックスにはそれなりの理由がある。もしイメージを見ていないのであれば、観客が有罪であることもない。しかし、どうやら告発者には、観客が有罪であることを論証することの方が、観客を行動へと転向させることよりも重要であるようだ。ここでこそ、幻想と有罪を表明する声がその真価を発揮する。この声は、イメージである商品と商品であるイメージの受動的な消費者であるという、生の逆転を告発する。そしてこの悪に対する唯一の応答は能動性〔活動〕であるとわれわれに言う。しかしこの声はまた、それがコメントしているイメージを眺めているわれわれは決して行動に移ることはない、生はイメージのなかへ移ってしまい、われわれは永久にその観客のままである、とも言うのだ。こうして逆転の逆転は、なぜわれわれがいつまでたってものを知ることがないままであり、行動に移ることがないままであるのかを知る者たちだけに許された知であるにとどまる。だとすれば、イメージの悪に対置された能動性〔活動〕の美徳は、至高なる声の権威によって吸い取られてしまう。この声は偽りの生を糾弾するが、それはわれわれがこの偽りの生のなかで満足するほかはないことを知っているのだ。

こうして、声の権威を表明することが、イメージのなかにある許しがたいものからイメージの許しがたさへとわれわれを引き戻す批判の、実質的な内容となって現われる。このような移行こそ、再現＝表象不可能なものの名においてイメージに対してなされた批判が、白日のもとにさらしているものである。数年前にパリで行われた『収容所の記憶』という展示をめぐって開始された論争は、それを範例的な形で例証するものであった。展示の中心には、ゾンダーコマンドのひとりがアウシュヴィッツのガス室から撮影した、四枚の写真があった。これらの写真が見せていたのは、裸の女性の一群がガス室へと追いやられているところと、屋外で死体が焼却されているところであった。展示のカタログには、ジョルジュ・ディディ＝ユベルマンの長いエッセーが掲載されており、この「地獄から引っ張り出されたフィルムの四つの断片」[18]によって表現されている、現実の重みを強調していた。そしてこのエッセーに対する二つのかなり荒々しい反論が、『レ・タン・モデルヌ』誌上でなされた。最初の反論は、エリザベート・パニューのもので、古典的な論法を用いていた。つまり、これらのイメージは現実的すぎて許しがたいというものだ。われわれの現在にアウシュヴィッツの恐怖を投影することで、これらのイメージはわれわれの眼差しをとらえ、いかなる批判的距離を取ることも不可能にしてしまうというわけだ。しかし、ジェラール・ヴァジュマンによってなされた第二の反論は、この論法をひっくり返すものだった。これらのイメージ、そしてそれらについてなされた解説が許しがたいのは、それらが現実を偽っているからであるというのだ。これら四枚の写真は、次の三つの理由で、ショアーの現実を再現＝表象してはいない。まず、それらはガス室内でのユダヤ人殺戮を見せてはいないこと。次に、現実は可視的なもののなかに完全に溶け入るものとは決してならないこと。最後に、ショアーという出来事の核心には、再現＝表象不可能なもの、構造的にイメージのなかに定着されえない何かがあること、この三つである。「ガス室は、それ自体である種のアポリアを構成する出来事である。それは打ち砕くことのできない現実として、イメージの地位を突き破ってそれを問いに付し、イメージをめぐるあらゆる思考を危地に陥れるのだ(19)」。

(18) このエッセーは Georges Didi-Huberman, *Images malgré tout*, Éditions de Minuit, Paris, 2003〔『イメージ、それでもなお』橋本一径訳、平凡社、二〇〇六年〕に、注解と批判に対する返答付きで再録されている。

(19) Gérard Wajcman, «De la croyance photographique», *Les Temps modernes*, mars-avril-mai 2001, p. 63〔ジェラール・ヴァイクマン「写真的信仰について」③、橋本一径訳、『月刊百科』二〇〇六年十月号、二二頁〕。

この四枚の写真に、ユダヤ人の大量殺戮のプロセスの全貌、その意味、そしてその反響を提示する力があるというような主張に異議を唱えようとするだけなのであれば、この論法はもっともなものだろう。しかし、それらが撮られた状況を考えてみれば、これらの写真にそのような思い上がりは当然なかった。実のところ、この議論はまったく別のものにねらいを定めている。つまり、可視的なイメージと言葉による語りという二種類の再現＝表象の間、そして証拠と証言という二種類の証明行為の間に、根本的な対立を作り出すことである。四つのイメージとその解説が糾弾されたのは、それらのイメージを——命を賭して——撮った者たち、そしてそれらを解説した者が、そこに殲滅の現実についての証言を見たからなのだ。しかし、この殲滅の首謀者たちは、この殲滅の痕跡を消し去るために、あらゆる手段を尽くしたのだった。写真を撮った者たちと解説者は、殲滅のプロセスの現実が証明される必要があると思ってしまったがために、そして可視的なイメージがひとつの証拠をもたらすと思ってしまったがために、非難されたのである。しかしながら、とヴァジュマンは反駁する。「ショアーは起こった。私はそれを知っているし、みなそれを知っている。それはひとつの知となっている。すべての主体はそれを知るように呼びかけられている。誰も「知らない」と言うことはできない。この知は、新たな知を形作る証言に立脚している。［…］それは証明されることなど少しも求めてはいないのだ」[20]。しかし、この「新たな知」とは正確なところ何なのか。証言の美徳を証拠の低劣さから区別するものは何なのか。自分が死の収容所のなかで目にしたことを語りによって証言する者は、その目に見える痕跡を記録しようとした者とまったく同じように、再現＝表象の作業をしている。証言する者の言葉も、出来事をその唯一性において語っているわけではないし、その残虐さがそこで直接的に表明されているわけでもない。それこそ証言の長所なのだ、と人は言うだろう。すべてを言わないこと、すべては言われえないことを示すことが、その長所なのである、と。しかし、それが「イメージ」との根源的な違いの根拠となるのは、すべてを見せるという思い上がりをイメージに独断的に割り当てることによってでしかない。だとすれば、証言者の言葉に与えられている美徳は、まったく消極的《ネガティヴ》なものである。つまりその美徳は、言葉が語っていることにではなく、それが不十分であるということそのものに由来するのである。そしてこの不十分さが、イメージのものとされた十分さ、そしてこの十分さの欺瞞に対立するのである。とはいえ、ここでの十分さとか不十分さとかは、単に定義の問題に過ぎない。分身としてのイメージという定義に限っても、この分身は〈現実的なもの〉の唯一性《ユニシテ》に対立し、そうである以上、殲滅の唯一無二《ユニック》の残虐さを消し去ってしまわずにはいない、という単純な結論が当然引き出されるからだ。イメージは安心させてしまう、とヴァジュマンは言う。その証拠に、われわれはこれらの写真を眺めることはできるが、それらが再現している現実そのものには耐えられないであろう、と。この独断的な議論〔権威に訴える論証〕の唯一の欠点は、この現実を目にした者たち、そして何よりこれら

（20） *Ibid.*, p. 53〔ジェラール・ヴァイクマン「写真的信仰について」①、橋本一径訳、『月刊百科』、二〇〇六年八月号、九頁〕.

のイメージを撮影した者たちは、当然それに耐えたにちがいないということだ。しかし、それこそヴァジュマンがこの臨時写真家に対して非難していることなのである。つまり、証言をしようと望んだことが問題なのだ。真の証言者は、証言することを望まない者である。それが彼の言葉に与えられる特権の理由である。だが、この特権は証言する者のものではない。証言する者に、その意志に反して語ることを強いる言葉の特権なのだ。

ヴァジュマンがあらゆる視覚的な証拠、アーカイブのあらゆるドキュメントに対立させている映画の一シークエンスが、そのことを範例的に示している。その映画はクロード・ランズマンの『ショアー』である。この映画は幾人かの生き残りの証言からなっている。問題のシークエンスは、理髪店のなかで、かつてトレブリンカの理髪師だったアブラハム・ボンバが、まさにガス室へ入らんとしている男たち、そして女たちが到着し、髪を刈られていく様を語っている場面である。エピソードの中心には、アブラハム・ボンバが、刈られた髪の用途に言及しているところでこれ以上続けることを拒絶し、抑え切れなくなった涙をタオルで拭う瞬間がある。そのとき、監督の声が彼に続けるようにと促す。「エイブ、続けなければなりません」、と。しかし、彼が続けなければならないのは、知られぬままとなってしまうであろう真理、否定する者たちに突きつけてやらねばならないような真理を明かすためではない。彼にしても、どのみちガス室のなかで起こっていたことを語ることはないだろう。彼が続けなければならないのは、ただそうしなければならないからなのだ。彼は続けたくないがゆえに、続けることができないがゆえに、続けなければならないのだ。彼の証言の内容が重要なのではない。彼の言葉が、語るべき出来事の許しがたさゆえに語ることの可能性を奪われてしまった誰かの言葉であるということが重要なのだ。そして彼が語るのはただ、ひとりの他者の声によってそうすることを余儀なくされているからであるということが重要なのだ。映画のなかでこの他者の声となっているのは監督の声である。しかし、この声はその背後にもうひとつの声を響かせている。そこにヴァジュマンは、ラカンの言う象徴的秩序の法を、あるいはイメージを禁じ、厚い雲のなかから民に語りかけ、その言を信じて絶対的に服従するように要求する神の権威を、意のままに認めることだろう。証言者の言葉は、次の三つの消極的理由から神聖化される。まず、それが偶像崇拝であるイメージとは対極にあるということ。次に、それが語ることのできない者の言葉であるということ。最後に、それが自分の言葉よりも強力な言葉によって語ることを余儀なくされた者の言葉であるということ、この三つである。イメージの批判は結局、イメージに行動の要求を対立させもしなければ、言葉の自制を対立させもしない。それがイメージに対立させているのは、代わる代わる黙らせもすれば語らせもする、声の権威なのである。

しかしここでもまた、対立は措定されるや否や撤回される。出来事の表象不可能性を表す沈黙の力は、それを再現＝表象することによってしか存在しない。イメージに対立する声の権力は、イメージとして表現されなければならない。したがって、語ることの拒否、命令する声への服従は、目に見えるものとされなければならない。理髪師がその語りをやめるとき、彼がもはや語ることができなくなり、声が画面の外から彼に続けることを要求するときに作用しているもの、つまり証言の役割を果たしているのは、彼の表情に現われている感情であり、彼が堪えている涙であり、拭わなければならなくなる涙なのである。ヴァジュマンは映画監督の仕事を次のように解説している。「[…] ガス室を出現させるために、彼は人々と言葉、そして今現に思い出そうとしている証言者たちを撮影する。証言者たちの顔を記憶がよぎる。それが映画のスクリーンをよぎるように。そして彼らの目のなかに、彼らが目の当たりにした恐怖が浮かび上がる[21] […]」。それゆえ、再現＝表象不可能なものの議論は、表裏のある言行を用いる。一方で、それは証言者の声をイメージの虚偽に対立させる。しかし、声がやむとき、苦しむ表情のイメージこそが、証言者の目が見たものの目に見える明白さ、殲滅の恐怖の目に見えるイメージとなるのだ。しかも、アウシュヴィッツの写真からでは、死へと送り出された女たちを散歩中のヌーディスト集団と区別することは不可能だと表明していた解説者は、ガス室の恐怖を映し出す涙を、一般に感じやすい心の持ち主がつらい記憶を思い出して流す涙から区別することには、まったく困難を感じなかったようである。実際、違いはイメージの内容にあるのではない。ただ、最初のイメージは意図的な証言であるが、次のイメージは意図しない証言であるということにある。(良い) 証言者の美徳は、恐怖を引き起こす〈現実的なもの〉と、義務を負わせる〈他者〉の言葉の二重の打撃に素直に従う者であることなのだ。

それゆえ、言葉とイメージの解消不可能な対立は、難なく二つのイメージの対立となることができる。意図されたイメージとそうではないイメージとの対立である。しかし、後者は後者で、もちろんひとりの他者によって意図されたイメージである。それはひとりの映画監督によって意図されたイメージなのだ。そしてこの監督自身は、自分はまずもってひとりの芸術家であり、彼の映画のなかに見られ、聞かれるすべてのものは、彼の芸術の産物であると表明し続けている。だとすれば、表象不可能なものの議論の表裏のある振る舞いは、二つのイメージの対立の偽りの根源性とともに、それが立脚している再現＝表象およびイメージの観念の極端な単純さを問いに付すことをわれわれに教えてくれる。再現＝表象とは、ひとつの可視的な形態を生み出す行為なのではなく、ひとつの等価物を与える行為であり、言葉は写真とまったく同様にそれを行っているのだ。またイメージは物の分身なのではない。それは可視のものと不可視のもの、可視のものと言葉、語られていることと語られていないこととの間にある関係の、複雑な絡み合いである。イメージは、写真家や映画監督の眼前にあったものの単なる再現なのではない。それは常に、イメージの連鎖のなかに生じる変質なのであり、この連鎖によって、今度はこのイメージ自体が変質するのである。そして声は、イメージの可視的な形態に対立するような、不可視のものの表出なのではない。声はそれ自体、イメージを構築するプロセスのなかにとらえられている。声はひとつの身体の声であり、身体が見たものをわれわれに「見」せようと努め、身体が言うことをわれわれに見せようと努めることで、ひとつの感性的な出来事を別の感性的な出来事へと変容させるのだ。古典的な修辞法と詩法は、それをわれわれに教えたのだった。つまり言語のなかにもイメージはあるということを。あれらすべての比

(21) *Ibid.*, p. 55〔同前、一一一頁〕.

喩形象は、ひとつの表現を別の表現に置き換えることで、ある出来事の感性的な肌触りを、「本来の〔適切な〕」語彙で表現するよりもいっそうよく感じ取らせるのである。同様に、可視的なもののなかにも修辞的および詩的な比喩形象がある。理髪師の目にたまった涙は、彼の感情の印である。しかし、この感情それ自体は、監督の作り出した仕掛けによって生み出されたものである。そして、監督がこの涙を撮影し、このショットをほかのショットと結びつけるや、この涙はもはや思い出された出来事のありのままの現存ではありえない。それは、凝縮と置換のプロセスであるところの、形象化のプロセスに組み込まれる。涙は、それ自体出来事の視覚的な再現＝表象の代わりをしていた言葉の代わりにそこにある。涙はひとつの芸術的形象となる。つまり、ガス室のなかで生じたことの形象的な等価物を与えようとする仕掛けの要素となる。形象的等価物とは、類似と相違の関係からなるシステムであり、このシステムそれ自体、様々な種類の許しがたさを用いる。理髪師の涙は、彼がかつて目にしたことの許しがたさを、現在彼に語るように要求されていることの許しがたさに結びつける。だが、少なからぬ批評家が、この仕掛けそのものを許しがたいと判断したことをわれわれは知っている。それは語ることを強い、この苦痛を引き起こし、そのイメージを観客に差し出すが、観客はと言えば、テレビで一惨事のドキュメンタリーを見るかのように、あるいはセンチメンタルなフィクションのエピソードを見るかのように、このイメージを見ることだってできてしまうのだから。

告発者たちを告発してもたいして意味はない。それよりも、イメージの分析を、それが今なおごく頻繁に浸されている訴訟の雰囲気から引き抜くように努めるべきだろう。スペルタクルの批判においては、イメージの分析は仮象の虚偽と観客の受動性に対するプラトン的な告発と同一なものとなった。再現＝表象不可能なものの教義を主張する者たちは、それを偶像崇拝に対する宗教的な非難と同じものにした。イメージがなんであるのか、それが何を行い、どのような効果を生み出すのかについて新たな眼差しを向けようとするならば、このようにイメージの使用が偶像崇拝や無知、あるいは受動性と同一視されていることを問題にしなければなるまい。このために、私はいくつかの作品を検討したいと思う。それらの作品は、いかなるイメージがおぞましい出来事を再現＝表象するのに適しているのかという問いを、異なる仕方で提出しているからだ。

チリの芸術家、アルフレッド・ジャール〔Alfredo Jaar〕は、一九九四年のルワンダ虐殺を複数の作品の主題としている。彼の作品のどれひとつとして、虐殺の現実を証言するような視覚的ドキュメントを、ただのひとつも見せはしない。例えば、『リアル・ピクチャーズ』〔*Real Pictures*〕と題されたインスタレーションは、いくつもの黒い箱から構成されている。箱のそれぞれには、虐殺されたひとりのツチのイメージが収められているが、箱は閉じられており、イメージを見ることはできない。唯一見えているのは、箱のなかに隠された中身を記述している文章である。だから一見したところ、このインスタレーションも、言葉による証言をイメージによる証拠に対立させているわけだ。しかし、この類似のもとには、ある本質的な差異が隠されている。ここでは、言葉は声から完全に切り離され、それ自体視覚的要素としてとらえられているのだ。したがって、言葉をイメージの可視的な形態に対立させることが問題ではないことは明らかである。ひとつのイメージを構築することと、つまり、言葉に関わるものと視覚に関わるもののある種の連結を構築することが問題なのである。そのときこのイメージの力は、このような連結の通常の体制、情報伝達の公認システムが設置しているような連結の体制を攪乱することにある。

このことを理解するためには、このシステムによってわれわれはイメージ一般の――とりわけ残虐行為のイメージの――氾濫に飲み込まれ、そのせいで、こうした残虐行為のありふれたものとなってしまった現実を見ても何も感じなくなってしまうのだとする通説を、検討し直さなければならない。この通説が広く受け入れられているのは、それがある伝統的な主張を承認しているからだ。その主張によれば、イメージの悪とはまさにその数であり、商品とイメージの消費者たる民主主義的な群衆の眩惑された眼差しとぼけきった頭が、その氾濫になす術もなく侵されていることである。このような見方は批判的であろうとするものだが、実はシステムの機能の仕方と完璧に調和している。というのも、支配的なメディアが、今日の世界の現状となっている虐殺、住民の大移動、その他様々な残虐行為を証言するイメージの氾濫によって、われわれを覆い尽くすことなどまったくないからだ。まったく反対に、メディアはイメージの数を減らし、それらを選別し秩序づけることに細心の注意を払っている。メディアはイメージから、その意味をただ冗長に例証するという役割を越えうるようなものはすべて取り除く。テレビのニュースの画面上にわれわれがとりわけ目にするのは、イメージを解説し、それが何を見せているのか、そしてそれについて何を考えなければならないのかを語る政治指導者たち、専門家たち、そしてジャーナリストたちの顔である。残虐行為が平凡化しているのは、われわれがそのイメージを見すぎているからではない。画面上に苦しむ身体を見すぎることなどない。われわれが見すぎているのはむしろ、名もなき身体たち、われわれが彼らに向けている眼差しをわれわれに送り返すことのできない身体たち、言葉の対象になるばかりで、自身は発言することのない身体たちである。情報伝達システムは、イメージの過剰によって機能するのではない。語り、論理的に思考する存在、匿名の群衆に関する情報の波を「解読する」能力のある存在を選別することで機能するのだ。こうしたイメージに固有の政治の本質は、誰しもが見、そして語る能力を持っているわけではないと、われわれに教えることにある。この教えこそ、イメージがテレビを通じて荒れ狂っているのを批判していると思い込んでいる者たちが、唯唯諾諾として承認しているものなのだ。

したがって、イメージをめぐる偽りの論争には、数の勘定の問題が隠されている。黒い箱の政治が、まさにそこで意味を持ってくる。閉じられてはいるが言葉に覆われたこれらの箱は、虐殺された男たち、そして女たちに、ひとつの名、そしてひとつの個人的な物語〔歴史〕を与える。この虐殺が容認されてしまったのは、イメージが過剰にあるからとか不足しているからではなく、それが名もなければ、個人としての物語〔歴史〕もない者たちを標的にしていたからだ。言葉が写真に取って代わるのは、写真であれば、それはまたしても集団暴力の無名の犠牲者の写真となり、またしても虐殺と犠牲者を平凡化しているものと協働してしまうことになるだろうからである。問題は、言葉を可視的なイメージに対立させることではない。視覚に関わるものを群衆に割り当て、言葉に関わるものを少数の者たちの特権としている、支配的な論理を転覆することである。言葉はイメージの代わりにあるのではない。それはイメージなのだ。つまり、再現＝表象の要素を分配し直す形式なのである。言葉は、あるイメージを別のイメージに置き換え、言葉を視覚的な形態に、あるいは視覚的な形態を言葉に置き換える比喩形象である。同時に、これらの比喩形象は、唯一のものと複数のものの関係、少数と多数の関係を分配し直す。政治がまずもって身体たちの位置とそれらを数え上げる仕方を変えることなのだとすれば、まさにこの点においてこれらの比喩形象は政治的なのである。この意味で、優れて政治的な比喩形象とは、原因の代わりに結果を見せ、全体の代わりに部分を見せる換喩である。そして、アルフレッド・ジャールがルワンダ虐殺を題材にして制作したもうひとつのインスタレーション、『グテテ・エメリータの目』〔*The Eyes of Gutete Emerita*〕が用いているのは、まさしくこの換喩の政治なのである。このインスタレーションは、ただ一枚の写真を中心に組み立てられている。写真が見せているのは、自分の家族が虐殺されるところを目にしたひとりの女性の目である。したがって、原因の代わりに結果を見せているわけだが、しかしまた、虐殺された無数の身体の代わりに二つの目を見せてもいるのだ。とはいえこの二つの目は、それが目にしたすべてのことにもかかわらず、グテテ・エメリータが何を考え、何を感じているのかをわれわれに語りはしない。その目は、それを見る者たちと同じ能力を備えた者の目である。そしてこの同じ能力が、虐殺者たちによって彼女の兄弟姉妹から奪われてしまったのだ。それは語りあるいは

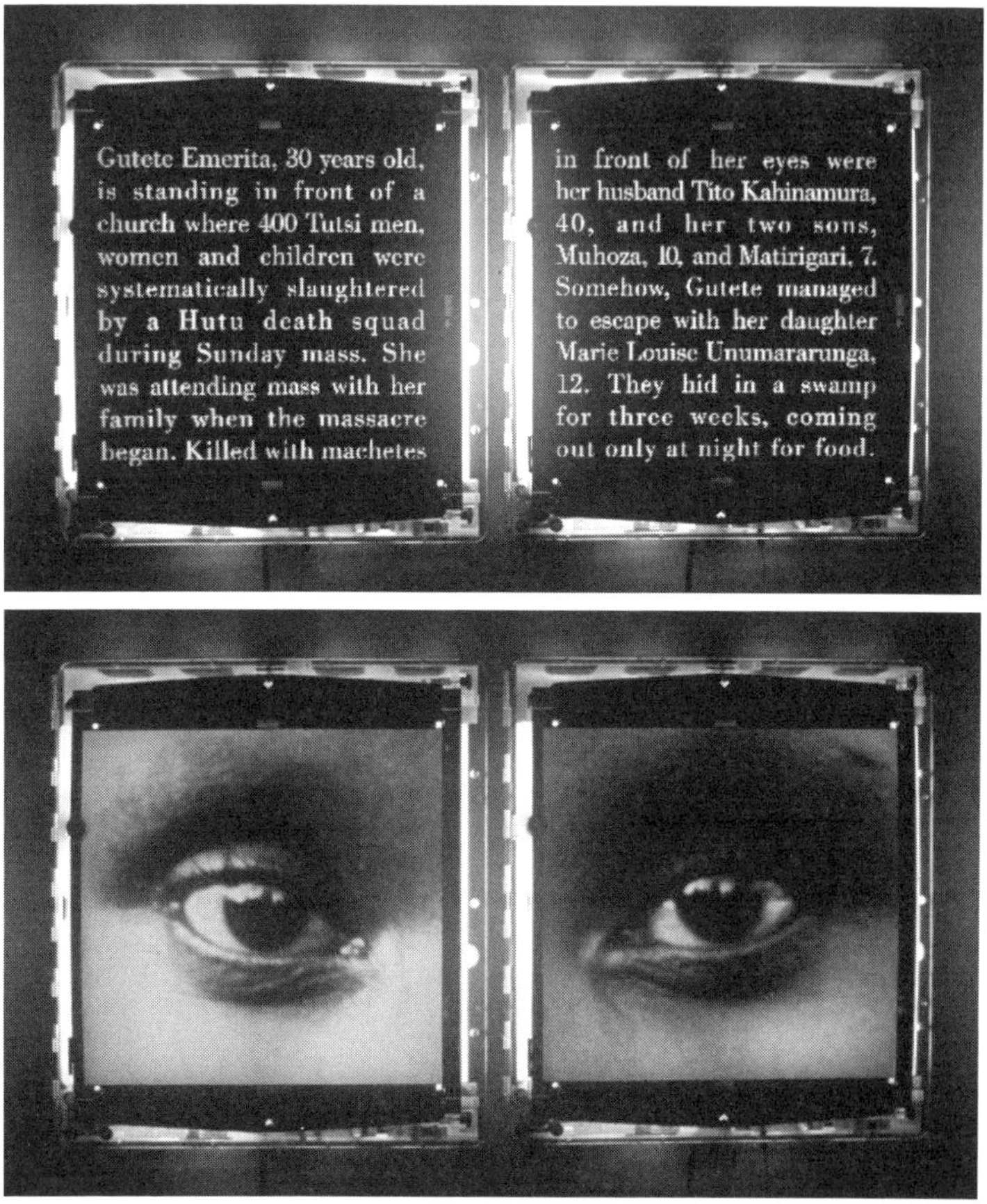

アルフレド・ジャール『グテテ・エメリータの目』, 1996年

黙る能力、自分の感情を示すあるいは隠す能力である。残虐行為のスペクタクルの代わりにこの女性の眼差しを見せる換喩はまた、個体として数え上げられるものと多数体として数え上げられるものとの分配を混乱させる。だからこそ、光る小箱のなかにあるグテテ・エメリータの目を見る前に、観客はまずひとつの文章を読まなければならない。この文章は、目と同じフレームを共有し、この目の物語、この女性の物語、そして彼女の家族の物語を語っているのである。

だとすれば、許しがたいものという問いの焦点をずらさなければならない。問題は、これこれの暴力の犠牲者が受けた残虐な行為を見せるべきなのかどうかを問うことではない。犠牲者を、可視的なもののある種の分布のなかにある要素として構築することである。ひとつのイメージは、決して単独では機能しない。それは可視性を構成する配置に属している。この配置が、再現＝表象された身体の地位、そしてそれらの身体に向けられるべき注意のタイプを定めるのである。問題は、これこれの配置が引き起こす注意のタイプを問うことである。アルフレッド・ジャールの別のインスタレーションが、この点を例証してくれるだろう。彼はこのインスタレーションを、ただひとつのイメージが可視的なものとなる時空間を再構成するために考案した。それは、南アフリカの写真家、ケビン・カーターがスーダンで撮った一枚の写真である。写真が見せているのは、今にも力つきようとしている飢えきったひとりの少女が、地面を這いつくばっているところだ。彼女の背後で、ハゲワシがその獲物をじっと窺っている。このイメージと写真家の運命は、情報伝達の支配的体制が持つ両義性を例証している。この写真で、写真家はピューリッツァー賞を受賞した。彼はスーダンの砂漠に行き、これほど衝撃的なイメージを持って帰った。それは、西洋の観客をこの遠く離れた飢饉から隔てている、無関心の壁をぶち破るにはうってつけのイメージだった。しかしまた、この写真は写真家に対する憤激を表明するキャンペーンを引き起こした。子供に救いの手を差し伸べる代わりに、こんなふうに最も目を引く写真《スペクタキュレール》を撮るための瞬間を窺っているというのは、人間の姿をしたハゲワシの所業ではないのか。このキャンペーンが耐えられず、ケビン・カーターは自殺した。

このようなイメージを唆すと同時に拒絶するシステムの表裏性に抗して、アルフレッド・ジャールは、そのインスタレーション、『ザ・サウンド・オブ・サイレンス』〔*The Sound of Silence*〕のなかで、可視性を構成する別の配置を構築した。彼は、少女のイメージが持つ許しがたさ《アントレラーブル》を、より広範な不寛容《アントレランス》の歴史のなかに組み入れるために、当事者の言葉と沈黙を配置したのである。この日ケビン・カーターが、おぞましいスペクタクルの美的＝感性論的強度に眼差しを釘付けにされて立ち止まったのは、彼がそれ以前に、彼の国で行われていたアパルトヘイトの単なる傍観者〔観客〕ではなく、それに対する闘争に身を投じた活動家であったからだ。それゆえ、この例外的な瞬間が組み込まれている時間性を感じ取らせる必要があった。しかし、それを感じ取るためには、観客自身がある特別な時空間、ひとつの閉じられた小屋のなかに入り込まなければならない。初めにそこに入ったら、八分間の映写が終わるまでは出ることができない。観客がスクリーン上に目にするのは、またしても言葉である。その言葉は寄り集まって、一種の詩的なバラードとなり、ケビン・カーターの生涯を語る。彼が南アフリカでのアパルトヘイトや黒人たちの暴動のなかをどのように生きたのか、スーダンの奥深くへと分け入って、この少女と出会うまで、どのような旅をしたのか、そしてどのようにあのキャンペーンが彼を自殺に追いやったのか。このバラードの終わり頃になって、ようやく例の写真が現われるが、それはその写真を撮るためにシャッターを切った時間に等しい、一瞬の間だけだ。写真は、忘れることのできない何かとして、しかしそこに長々ととどまっていてはならない何かとして現われ、問題なのはこのようなイメージを作り出したり眺めたりしてよいのかよくないのかではなく、どのような感性的な配置のなかでそれを作り出し、それを眺めるかなのだ、ということを立証するのである[22]。

カンボジアの虐殺を主題とした映画、『S21 クメール・ルージュの虐殺者たち』〔*S21, La Machine de mort khmère rouge*〕は、また別の戦略を実行している。この映画の監督、リティ・パニュ〔Rithy Panh〕は、クロード・ランズマンと、少なくとも二つの本質的な選択を共有している。彼もまた、犠牲者ではなくそれを生み出す機構を描き出すこと、そして映画を現在の時間のなかで作ることを選択したからである。しかし、彼はこの選択を、言葉とイメージに対する論争から完全に切り離している。彼は証言者をアーカイブに対立させはしなかったのである。そんなことをしていれば、殺人機構の特質を確実にとらえ損ねていただろう。この機構は、周到に計画された言説装置とアーカイブ化装置によって機能していたからである。したがって、アーカイブの資料は機構の一部として扱われなければならなかった。さらにまた、言説を実行し、身体を語らせる機構の、物理的な現実が示されなければならなかった。リティ・パニュはそれゆえ現場に二種類の証言者を集めた。S21

キャンプのごく僅かな生存者のうちの幾人か、そしてかつて看守だった者たちの幾人かである。そして、パニュは彼らに様々な種類のアーカイブ資料を見せ、その反応を見る。日々の報告書、尋問の調書、拷問されて死んだ被収容者たちの写真、かつて収容されていた者のひとりが記憶を基に制作した絵画——彼はそれが正確かどうかをかつての牢番たちに尋ねる。このようにして、機構の論理が再び活動し始めるようになる。旧看守たちは、これらの資料に目を通してゆくにつれ、拷問と死を作り出すことに奉仕していたときに取っていた態度、身振り、さらにはイントネーションまで取り戻してゆく。目を疑いたくなるようなあるシークエンスで、彼らのうちのひとりが夜の見回りを再び演じ始める。「尋問」の後、被収容者たちを共同の牢獄へと連れ戻す。彼らを鎖に繋ぎ、彼らのせがむスープや肥桶を持ってくる。格子越しに被収容者たちを指差し、少しでも動く者がいると叫び、ののしり、脅しつける。要するに、当時彼の日常的なルーティーンとなっていたすべてのことを演じてみせるのだ。このような再現が、はっきりと見て取ることのできるような逡巡もなくやり遂げられるのは、確かに許しがたいスペクタクルである。あたかもかつての拷問者は、明日にでもまた同じ役割を演じ直すことができるかのようだ。しかし、この映画の戦略のすべては、許し

(22) ここに言及されている作品のいくつかを、*Alfredo Jaar. La politique des images* (jrp/ringier-Musée Cantonal des Beaux-Arts de Lausanne, 2007) に発表した「イメージの劇場」というエッセーのなかで、私は詳細に分析した。

がたいものを配置し直し、報告書、写真、絵画、行為による再現といった、その様々な再現＝表象を操ることにある。つまり、拷問者としての能力をあらためて誇示したばかりの者たちを、かつて彼らの犠牲者であった者たちから教えを受ける学童の地位に送り返すことで、地位を変動させるのだ。映画は様々な種類の言われた言葉や書かれた言葉、様々な視覚性の形式――映画、写真、絵画、演劇――、そして複数の時間形式を結び合わせ、機構についてひとつの再現＝表象をわれわれに示す。それと同時に、この再現＝表象は、この機構がどのように機能することができたのか、そして今日それを見たり、思考したり、感じたりすることが、加害者と被害者に可能となるのはどのようにしてなのかを、われわれに示すのである。

このように、許しがたいものの扱いは、可視性を構成する配置に関わる問題である。イメージと呼ばれているものは、なんらかの現実感覚、なんらかの共通感覚を作り出す配置のなかにある、ひとつの要素なのである。「共通感覚」とは、まずもって感性に与えられる所与の共通性のことだ。つまりすべての者によって共有可能とみなされる可視性を有する物事、こうした物事を知覚する様態、そしてそれに与えられる、やはり共有可能な意味である。次に、共通感覚とは、言葉と物からなるこの第一の共通性に基づいて個人やグループを結びつける、共存在の形式でもある。情報伝達システムは、この種の「共通感覚」である。それは時間と空間に関わる配置であり、そのなかで言葉と可視的な形態が組み合わされて、共通の所与となったり、共通の知覚する仕方、触発される仕方、意味を与える仕方となったりするのである。問題なのは、現実をその仮象に対立させることではない。別の現実、共通感覚の別の形式、すなわち時間と空間に関わる別の配置、様々な言葉と物、形態と意味からなる、別の共通性を構築することなのだ。

このような創造、それはフィクションの作業である。この作業は物語を語ることではなく、言葉と可視的な形態、話された言葉と書かれた言葉、ここと他所、当時と今との間に、新しい関係を築き上げることである。この意味では、『ザ・サウンド・オブ・サイレンス』はひとつのフィクションであり、『ショアー』や『S21』もフィクションである。問題なのは、こうした大虐殺の現実をイメージやフィクションとして見せてもよいのかどうかではない。どのようにそれを行うのか、これこれのフィクションによって、これこれのイメージの構築によって、どのような種類の共通感覚が織り上げられるのかを知ることである。そして、イメージがわれわれに見せているのはどのような種類の人々なのか、そのイメージはどのような種類の人々に向けられているのか、このフィクションによって作り出されるのはどのような種類の眼差しであり考察であるのかを知ることである。

イメージへのアプローチにおけるこうした変化は、イメージの政治をめぐる考え方に生じた変化でもある。許しがたいイメージの古典的な使用は、耐え難いスペクタクルからそれが表現している現実に対する意識へ、そしてこの意識から現実を変えるために行動しようという欲望へ、まっすぐな線を引いていた。しかし、再現＝表象と知と行動との間にあるこのような関係は、まったくの想定にすぎなかった。実のところ、許しがたいイメージの力は、イメージの内容を同定することを可能にする理論上の筋書きの明白さ、そしてその筋書きを実践に移す政治運動の勢いに由来していた。

こうした筋書きや運動の力が衰えると、先の関係は断ち切られ、イメージの持つ麻痺させる力は、理解する能力や行動への決断に対立するようになった。すると、スペクタクル批判と再現＝表象不可能なものをめぐる言説が舞台を占拠し、あらゆるイメージの政治的な能力に全面的な嫌疑が抱かれるようになった。現今の懐疑主義は過剰な信仰の結果である。それは、知覚、情動、理解、そして行動を結ぶ一本の直線があるという信仰が裏切られることから生まれたのだ。イメージの政治的能力への新たな信頼が生まれるとすれば、この戦略的な図式を批判することが必要となる。芸術が作り出すイメージは、闘争のために武器を供給するのではない。それは目に見えるもの、語ることのできるもの、思考可能なものの新たな布置を描き出し、それによって、可能事の新たな風景を浮き上がらせることに寄与するのだ。ただし、そのための条件となるのは、そうしたイメージの意味や効果をあらかじめ定めないことである。

このような先取りに対する抵抗が例証されているのを、フランスの芸術家、ソフィ・リステルユベール〔Sophie Ristelhueber〕が撮った一枚の写真のなかに見ることができる。そこには石の堆積がひとつ、オリーブの木に覆われた丘陵の牧歌的な風景に調和して溶け込んでいる。その風景は、百年前にビクトル・ベラールが、オデュッセウスの旅した地中海が変わらず残っていることを示そうとして写真に収めたものにも似ている。しかし、牧歌的な風景に置かれたこの小さな石の堆積は、それが属している集合のなかで意味を持つ。連作『WB（West Bank）』のすべての写真同様、そこに写っているのは、パレスチナの道路にイスラエルが築いたバリケードなのである。すなわち、ソフ

ソフィ・リステルユベール『WB』，2005年

ィ・リステルユベールは、ひとつの国家の政治を体現し、「中東問題」のメディア向きのアイコンとなっている、巨大な分断の壁を写真に収めることを拒んだのだ。彼女はむしろこれらの小さなバリケードにレンズを向けた。イスラエル当局はこれらのバリケードを、田舎道のうえに、間に合わせの手段で築き上げたのだった。彼女はそれをたいてい俯瞰で、バリケードのブロックが風景の一部と成り変わる視点からカメラに収めている。彼女は戦争のエンブレムではなく、戦争が領土に刻み込んでいる傷や傷跡を撮った。おそらくそうすることで、憤激という使い古された情動から、好奇心やもっと近くで見たいという欲望といった、もっと感じ取りにくい情動、その効果の定まらない情動への移動を生じさせたのである。今好奇心と言ったが、もっと前のところでは、私は注意という言葉を使った。というのも、これらは戦略的な図式の偽りの明証性を攪乱する情動だからである。身体や精神がこのような

態度を取ると、目は自分が何を見ているのか前もって知ることがなく、思考は見たものをどうしなければならないのか前もって知ることがない。身体と精神の緊張は、こうして感性的なものの異なる政治へと向けられるのだ。それは距離の変動、可視的なものの抵抗、そして効果の決定不可能性に基づいた政治である。イメージは、その意味から察しのつくものであったり、自らが及ぼす効果をあらかじめ定めてしまったりしなければ、われわれの眼差し、そして可能事の風景を変化させるのだ。これを、イメージにおける許しがたいものをめぐるこの短い調査の、とりあえずの結論としておいてもよいだろう。

物思いにふけるイメージ

「物思いにふけるイメージ」という表現は自明のものではない。「物思いにふける」〔pensif〕という形容詞がつけられることがあるのは個人である。この形容詞は、ある特異な状態を示している。物思いにふける者とは、「思い〔pensée〕でいっぱいになった」者のことである。だが、それはこの者がそうしたことを思考している〔penser〕ということではない。物思いにふけるとき、思考の行為はある種の受動性によって侵食されているように見える。だからイメージが物思いにふけると言えば、事態は複雑なものとなる。イメージは思考するとはみなされていない。それはただ思考の対象とだけみなされている。その場合、物思いにふけるイメージとは、思考されていない思考を秘めたイメージである。つまりそのイメージを生み出した者の意図に帰着させることのできない思考、そしてそのイメージを何か特定の対象に結びつけることなく見る者に対して効果を及ぼす思考を秘めたイメージである。だとすれば、物思いにふける性格は、能動的であることと受動的であることの間のどちらとも定まらない状態を指し示すこととなろう。この未規定性は、私がほかのところで明らかにしようとした、イメージをめぐる二つの観念の間にある隔たりを問題にし直す。事物の分身としてのイメージという一般的な観念と、ひとつの芸術が行う操作として考えられたイメージとである。物思いにふけるイメージということを語ると、逆にこの二つのタイプのイメージの間に未規定な地帯があることが示される。それは、思考と非思考、能動性と受動性の間にある未規定地帯についで語ることであるのだが、しかしまた、芸術と非芸術の間にある未規定地帯について語ることでもあるのだ。

これら相反するもの同士の具体的な連接を分析するために、芸術かつ非芸術、能動性かつ受動性という両義性を範例的に示しているひとつの実践、すなわち写真によって生み出されるイメージについて語ることにしよう。写真がほかの芸術に比べて特異な運命を辿ったことはよく知られている。一八五〇年代、ボードレールのような耽美主義者たちは、そこに致命的な脅威を見てとった。機械的で俗悪な複製が、創造的な想像力と芸術的発明の力を押しのける脅威となっているというわけだ。一九三〇年代には、ベンヤミンが事態をひっくり返す。機械的複製の芸術——写真および映画——を、ベンヤミンは芸術のパラダイムそのものを激変させる原理としたのである。彼にとって機械的イメージは、宗教および芸術における唯一なるものの崇拝との関係を断ち切るイメージであった。機械的イメージは、それがほかのイメージ、あるいはテクストと取り結ぶ関係によってのみ存在する。したがって、アウグスト・ザンダーの撮ったドイツの社会的類型を示す人物写真は、ベンヤミンにとって、社会の広範な人相学を構成している要素であり、この人相学は、階級闘争において友と敵を見分ける必要性という、実践的な政治の問題に応えることのできるものであった。同様に、ウジェーヌ・アジェが撮ったパリの街角の写真も、あらゆるアウラを剝ぎとられている。それらの写真は、「礼拝的な」芸術作品が持つ自己充足性を欠いているように見える。それと同時に、それらは解読すべき謎のパーツとなって現われる。だからキャプションが、つまりそれらの写真によって表現されている世界の状態についての意識を明示するテクストが必要となる。ベンヤミンにとって、こうした写真は「歴史のプロセス〔過程／訴訟〕の証拠物件[23]」である。それらはモンタージュによる新たな政治的芸術の構成要素なのだ。

このように、芸術、写真、そして現実の間の関係を思考するための、二つの主要な様式が対立していた。ところが、この関係が徐々に築き上げられていった仕方は、これら二つの見方のいずれにも対応するものでもなかった。一方で、現代の美術館や展覧会は、写真に絵画の地位を与えることで、ボードレールとベンヤミンの両者に反駁する傾向がますます強くなっている。そこで写真は絵画作品のサイズとなって、そのあり方を模倣しているのである。写真家リネケ・ダイクストラ〔Rineke

(23) Walter Benjamin, *L'Œuvre d'art à l'époque de sa reproductibilité technique*, trad. Rainer Rochlitz, in *Œuvres*, Folio/Gallimard, 2000, t. 3, p. 82〔邦訳『ベンヤミン・コレクションI』浅井健二郎編訳、ちくま学芸文庫、一九九五年、六〇〇頁〕.

リネケ・ダイクストラ
『コウォブジェク，ポーランド，1992年7月26日』

Dijkstra〕が、身元の不確かな個人たちを収めた連作写真の場合がそうである。入隊前および入隊直後の兵士たち、アマチュア闘牛士たち、あるいは、浜辺で流行遅れの水着を着て体を傾げたこのポーランドの娘のような、少しぎこちないティーンエイジャーたち、これらはありきたりで、表現力に乏しい存在だが、そのせいである種の距離感を纏い、ある種の神秘さを帯びている。この神秘さは美術館を満たしている肖像画の神秘さに似ている。これらの肖像画の描く人物は、かつては誰だかわかるものだったが、今のわれわれには無名の誰かとなってしまったからだ。このような展示様式を通じて、写真は、芸術が行う操作としてのイメージと再現＝表象の産出としてのイメージを新たに一体化させるための媒体となる傾向がある。しかし同時に、新たな理論的言説がこの一体化を否認しようとしていた。それは逆に写真と芸術の新たな対立形式を示すものだった。そして写真による「複製」を、ひとつの事物の特異かつ代替不可能な発現としていた。そのせいで、芸術としての資格を失わせることになるとしてもである。こうして写真は、芸術や思考に抵抗する唯一無二の現実としてのイメージという考え方を体現するに至った。そしてイメージの物思いにふける性格が、思考と芸術の計算から逃れ去る、感情触発の能力と同一視されたのである。

この見方は、ロラン・バルトによって模範的に言い表わされた。『明るい部屋』において、彼はプンクトゥムが持つ物思いにふける力を、ストゥディウムによって表現される情報提供の側面に対立させている。しかし、それをするために、彼は写真を撮る行為と写真に向けられる眼差しをただひとつのプロセスに帰着させなければならなかった。こうして写真はひとつの輸送となる。それは写真に収められた事物ないし存在だけが持つ感性的な質を、眼差す主体へ向けて輸送するのである。このような仕方で写真の行為と効果を定めるために、バルトは三つのことをしなければならない。写真家の意図を無視すること、技術的な装置を化学的なプロセスに帰着させること、そして視覚を通じた関係を触覚を通じた関係と同一視することである。このようにして、写真のもたらす情動に対するある種の見方が定められる。バルトによれば、輸送のもたらす情動が生み出されるようにするためには、眼差しの主体はあらゆる知識を、そしてイメージのなかで認識の対象となっているものについてのあらゆる言及を拒絶しなければならない。そのとき、イメージを芸術に対立させて用いることは、単に製造された物体であるというイメージの性格を否定することではない。極限的には、見られるものであるというイメージの性格を否定することである。バルトは眼差しの狂気を巻き起こすのだと言う。しかし実のところ、この眼差しの狂気は眼差しの剝奪であり、写真に収められた被写体の感性的な質が「触覚を通じて」輸送されるプロセスに、眼差しを従属させることなのだ。

このように、プンクトゥムとストゥディウムの対立は、言説のうえではごくはっきりとしている。だが、その言説を立証しなければならなくなると、この対立は混乱してくる。つまり、バルトがその対立を例証しようと試みる際に用いているイメージの物質性に目を向けると、それは混乱してくるのである。これらの例に関してなされている論証は、実際驚くべきものである。ルイス・ハイン〔Lewis Hine〕がニュー・ジャージーのある施設で撮った、知的障害のある二人の子供の写真を前に、バルトはあらゆる知、あらゆる教養を捨て去ることを宣言する。つまり、彼はこの写真が、アメリカ社会のなかで搾取されている者たちや取り残された者たちを調査しているひとりの写真家の仕事の一環をなすものであるということを、無視することにしたわけだ。それだけではない。自分の提唱している区分の有効性を確かなものにするために、バルトはまた、この写真の視覚的な構造をその被写体に結びつけているもの、すなわち不均衡そのものの内部に、奇妙な分割を施さなければならない。バルトはこう書いている。「私には、奇形の頭部や哀れな横顔はほとんど目に入らない（それはストゥディウムに属することだ）。私が目にするのは、中心から外れた細部、つまり少年の巨大なダントン襟、そして少女の指先の包帯である」(24)。しかし、彼がプンクトゥムとして見ると言っているものは、彼が見ないと言っているストゥディウムの論理と同じ論理のもとにある。小人の子供にとっては巨大な襟、大きな頭をした少女にとってはあまりに小さくて、何も言われなければ書物の読者が複製のうえに見分けることのないであろう包帯、それらもまた不均衡を描き出してい

ルイス・ハイン『施設内の知的障害者』
ニュー・ジャージー，1924 年

るのだ。バルトがこの襟と包帯に目を留めたのは、明らかにそれらが細部として、すなわち分離可能な要素として持っている質のためである。彼はそれらを、ある特定の観念、すなわち部分対象というラカンの観念に適合しているがゆえに選んだのである。しかし、ここで問題になっているのはただの部分対象ではない。側面から見ただけでは、少年の襟が、本当にシャツの仕立屋がダントン襟と呼んでいるものなのかどうかを決定することは難しい。それに反して、ダントンという名が斬首された人物の名であることは確かだ。このイメージのプンクトゥムは、実のところ、ダントンという固有名によって喚起される死なのである。プンクトゥムの理論は、イメージの意のままにはならない特異性を肯定しようとする。しかし、写真イメージの産

（24） *La Chambre claire*, Éditions de l'Étoile, Gallimard, Le Seuil, 1980, p. 82.〔『明るい部屋』花輪光訳、みすず書房、一九八五年、六四頁〕

出と効果を死ないし死者がわれわれの心を打つ仕方と同じものとみなすことで、この理論は結局のところこの特殊性を放棄してしまうことになるのだ。

この短絡は、バルトの挙げているもうひとつの例のなかではよりいっそう顕著である。それは手錠をかけられたひとりの若い男の写真である。ここでもまた、ストゥディウムとプンクトゥムの割り振りは戸惑わせるものである。バルトは言う。「写真は美しい。写っている青年もだ。これはストゥディウムである。ではプンクトゥムは何かと言えば、それは「彼は死にゆくだろう」ということだ。私は、「それはあるだろう」と「それはあった」を同時に読み取る[25]」。ところで、写真に青年が死にゆくであろうことを語るものは何もない。彼の死に心を揺さぶられるためには、この写真に写っているのが、アメリカ合衆国国務長官暗殺未遂の罪で一八六五年に死刑宣告を受けた、ルイス・ペイン〔ルイス・パウエル〕であることを知っていなければならない。そしてそれが、アレクサンダー・ガードナーというひとりの写真家が、はじめて死刑執行を写真に収めることを許可された際の写真であることを知っていなければならない。写真の効果を死に対する情動に一致させるために、バルトは被写体に関する歴史的知識と写真の物質的な風合いとを短絡させなければならなかった。実際、そこに現われているセピア色は過去の写真の色であり、一九八〇年の時点で、その写真の作者と被写体はもう亡くなっていると断言することができる。こうしてバルトは、写真をラテン語で言うところのイマーゴへと帰着させる。それは死者が現存していること、祖先が生者に交じって現存していることを確かなものとしていた肖像である。こうしてバルトは、イメージをめぐるとても古くからある論争を蘇らせる。西暦一世紀のローマで、大プリニウスは、自分たちの回廊を彫像で埋め尽くしていた収集家たちに対して激高した。彼らはこうした彫像が誰を描いているのかを知らなかったからだ。彫像たちがそこに置かれていたのは、それらの芸術、それらの美しい外観のためであって、祖先のイメージとしてではなかったのだ。大プリニウスの態度は、私がイメージの倫理的体制と呼んでいるものに特徴的な態度である。というのも、この体制のなかでは、ひとつの肖像、ひとつの彫像は、常に誰かのイメージであり、その正統性を、再現＝表象されている人間あるいは神との関係から得ているからだ。バルトがストゥディウムの再現＝表象的論理に対立させているのは、ひとりの個人の感性的な現存の永続性を確かなもの

アレクサンダー・ガードナー
『ルイス・ペインの肖像』，1865 年

（25） *Ibid.*, pp. 148–150.〔邦訳一一九頁〕

にするという、かつてのイマーゴの機能、あの肖像としての機能なのである。しかしながら、彼がものを書いている世界と世紀においては、単に芸術作品だけでなくイメージ一般でさえ、それ自体で独立して味わわれるのであって、祖先の魂として味わわれるのではない。だから彼は祖先の肖像を死のプンクトゥムに変えなければならなかった。つまり、カメラのレンズの前にいたが、もうそこにはいない人物の身体、そしてそれをイメージ上に定着させることが生者に迫りくる死を意味するような人物の身体が、直接われわれに引き起こす情動に変えなければならなかったのである。

このように、バルトはイメージの過去と死のイメージを短絡させている。だがこの短絡は、彼がわれわれに提示している写真が持っている特徴、すなわち未規定性を示すという特徴を消去してしまう。というのも、ルイス・ペインの写真の特異性は、三種類の未規定性に由来しているからだ。最初の未規定性は、その視覚的な配置に関わる。青年は、非常に絵画的な構図で、光の地帯と影の地帯の境界に、体をわずかに傾けて座っている。だが、この場所が写真家によって選ばれたものなのかどうかを知ることはできない。そうだったとしても、彼がそれを選んだのが見やすさに配慮してのことなのか、それとも反射的に美しさを狙った行動だったのかは分からない。それに、壁に浮かび上がる杭打ちの跡やその他の痕跡をただ記録しただけなのか、それともそれらを意図的に強調したのかも分からないのである。第二の未規定性は、時間の作用に関わっている。写真の風合いは、それが過ぎ去った時代のものであることを示している。その一方で、青年の身体、服装、ポーズ、そして彼の眼差しの力強さは、時間の隔たりを消し去っており、現代のものであると言ってもまったく差し支えない。第三の未規定性は、人物の態度にある。たとえ彼が死にゆくこと、そしてそれがなぜなのかわかっていても、この眼差しのなかに、彼の行った殺人未遂の理由や、差し迫った死を前にして彼が抱いている感情を読み取ることはできないのだ。だとすれば、この写真の物思いにふける性格を、複数の未規定性の結び目として定義することができるだろう。そしてそれを、意図的なものと意図的でないもの、既知のものと未知のもの、表現されているものと表現されていないもの、現在と過去とが、被写体、写真家、そしてわれわれの間を巡回することで生まれる効果として特徴づけることができるだろう。バルトが言うところとは反対に、この思いにふける性格は、ここでは二つのイメージを一致させることの不可能性に由来している。つまり、死刑囚という社会的に規定されたイメージと、われわれには見えない一点を見つめて、少し物憂げな好奇心をのぞかせる青年のイメージとを一致させることの不可能性に由来しているのである。

だとすれば、写真の物思いにふける性格は、再現＝表象の複数の様式の間にある緊張関係であるということになるだろう。ルイス・ペインの写真は、ただひとつのイメージのなかで、三つのイメージ、というよりはむしろ三つの機能イメージをわれわれに提示している。それぞれの機能は、ひとつの同一性を特徴づけること、空間のなかにひとつの身体を造形的な仕方で意図的に配置すること、機械による記録が、意図的なものなのかどうかは分からない様相をわれわれに明かすことである。ルイス・ペインの写真は芸術に属しているわけではないが、意図的に芸術作品であろうとするものにせよ、社会的な特徴づけと美的＝感性論的な未規定性を同時に提示しているものにせよ、その他の様々な写真を理解することを可能にしてくれる。ここでリネケ・ダイクストラがカメラに収めた娘に話を戻せば、なぜこの写真が現代美術における写真の地位を象徴しているのか分かるだろう。一方で、この写真は同じ種類の存在たちを収める連作に属する。自分の体を少し持て余した若者たち、年齢や社会的地位、生活様式において過渡的な段階にある同一性〔身分〕を代表する個人たち――こうしたイメージの多くは、旧共産圏の国々で撮られたものである。だがもう一方で、これらのイメージはありのままの現前をわれわれに押しつけてくる。これらの者たちに芸術家の前でポーズを取ることを決心させたものは何なのか、そして彼らがレンズの前で示そうとしているもの、表現しようとしているものは何なのか、われわれには分からない。だから、われわれは彼らの前にいるとき、過去の絵画作品の前にいるときと同じ立場にある。これらの絵画作品は、フィレンツェやヴェニスの貴族たちを描いているが、われわれにはもはやそれが誰なのかわからないし、画家がとらえた眼差しにいかなる思いが宿っているのかもわからない。バルトはストゥディウムの規則に従う類似を、私が原‐類似と呼んだもの、すなわち身体の直接的な現前と情動に対立させていた。しかし、このポーランドの娘のイメージのなかに読み取ることができるのは、そのどちらでもない。私はそれを脱固有化された類似と呼ぶことにしよう。この類似は、イメージと比べることのできるような、いかなる実在の存在にわれわれを差し向けることもない。だからといって、それはバルトの語っているような唯一無二の存在の現前なのでもない。それはどれでもいい存在の現前、その同一性〔身分〕に重要さがなく、顔を見せることで考えていることを隠す存在の現前なのだ。

こうしたタイプの美的＝感性論的効果は、ベンヤミンによると、「礼拝的価値」の最後の避難所となっている肖像写真に固有のものである、そう言いたくなるかもしれない。逆に、人間が写っていないときは、写真の展示価値が完全に優位となるとベンヤミンは言う。しかし、ベンヤミンの分析を組織している、礼拝的なものと展示的なものという区別は、おそらくバルトのストゥディウムとプンクトゥムという区別と同じくらい問題のあるものだ。ベンヤミンが執筆をしていた時期に、ベンヤミン同様アジェやザンダーをひいきの準拠としていたひとりの写真家、すなわちウォーカー・エヴァンスが撮った写真を例に取ってみよう。それはアラバマ州のある家庭の台所の、木でできた壁の一部を写した写真である。われわれはこの写真が、ウォーカー・エヴァンスが少しの間関わっていた社会計画——一九三〇年代末に農業安定局の指導のもとに行われた、貧しい農民たちの生活環境に関する大々的な調査——を大まかな背景

ウォーカー・エヴァンス『バド・フィールズの家の台所の壁』, 1936 年

としていること、そしてより明確には、ジェームズ・エイジーと共同で出版した書物、『名高き人々をいざ讃えん』〔*Let us now praise famous men*〕に収められたものであることを知っている。今ではこの写真は、美術館のなかでひとりの芸術家の独立した作品として見られる写真作品の集合に属している。しかし写真を眺めると、芸術であることと社会的ルポルタージュであることの緊張関係は、社会に関する証言であったものが、時間の経過によって芸術作品へと変わったというだけのことではないことがわかる。この緊張は、すでにイメージそのものの中枢に宿っているのだ。一方で、板張りの壁の一部には、小さな板きれが斜めに釘付けされ、ブリキ製の食器や用具が横木で固定されており、それがアラバマの農夫たちの惨めな生活の環境《デコール》をよく表している。しかし、この惨めさを見せるためであるなら、いくつかの板材と一ダースほどの食器をクローズアップにしてこの写真を撮る必要が本当にあっただろうか。惨めさを指し示す要素が、同時にある種の芸術的な情景《デコール》を構成している。直線的な板材は、同時期にチャールズ・シーラーやエドワード・ウェストンといった写真家たちの、特別社会的なねらいがあるわけではない写真が提示していた、ほぼ抽象的な情景《デコール》を思い起こさせる。食器を片付けるために使われている釘付けされた板きれの簡素さは、モダニズムの建築家やデザイナーたちのイデオロギーをそれなりのやり方で連想させる。こうした建築家やデザイナーたちは、簡素で加工されていない素材や合理的な収納を、醜悪なブルジョワ的食器棚を排除することを可能にしてくれるという理由で好んだからだ。斜めになった物の配置も、非対称性の美学に従っているかに見える。しかし、これらすべての「美的」要素について、それが貧しい生活の様々な偶然がもたらした結果なのか、それとも場の住人たちの趣味に由来するものなのかを知ることは不可能である[26]。同様に、カメラがそれらの物をただ行き当たりばったりに記録しただけなのか、それとも写真家が意図的に構図を決め、それらのものを引き立たせたのか、写真家がこの情景《デコール》を生活様式の指標として見たのか、それとも線と物の、抽象的とも言えるような特異な寄せ集め《アサンブラージュ》として見たのか、それを知ることも不可能である。

この写真を撮ったとき、ウォーカー・エヴァンスが正確に何を考えていたのか、われわれにはわからない。しかし、写真の物思いにふける性格は、ただそうしたことがわからないということに尽きるものではない。というのも、その一方で、われわれはエヴァンスが写真および芸術に関して明確な考えを持っていたことを知っているからだ。意味深いことに、彼はその考えを視覚的な芸術家からではなく、彼が賛美していた小説家、フロベールから借用したのだった。その考えとは、神が自然のなかに見えないように、芸術家は自身の作品のなかに見えてはならない、というものだ。確かに、アラバマの貧しい台所にある小物類の特異な美的配置に向けられたこの眼差しは、シャル

---

(26) ジェームズ・エイジーは、貧しい者たちの住まいに美的な配慮があるのかないのかをめぐって鮮やかな分析を行っている一方で、写真のありのままの証言にわれわれの注意を向ける。「台所の反対側には、飾りのない小さなテーブルがひとつあり、彼らはそこで食事をする。壁にあるものに関しては、読者はこの書物のなかにある写真のひとつにそれを見て取ることができるだろう」(*Louons maintenant les grands hommes*, trad. Jean Queval, Terre Humaine Poche, 2003, p. 194)。

ル・ボヴァリーがルオー爺さんの農家の所々剝がれた壁に、女学生だったエマが父親のために描いたミネルヴァの頭部を見つける場面に、フロベールが注いでいた眼差しを思い起こさせるものである。しかし何より、アラバマの台所の写真イメージにおいても、ノルマンディーの台所の文学的な描写においても、題材の美的性格と芸術の非人称化の作業の間に同じ関係がある。「美的性格」という表現に関して、思い違いをしないようにしなければならない。それは、文体やフレーミングの作業によって、ありふれた題材を美化することではない。フロベールとエヴァンスが共通して行っているのは、ありふれたものに何か芸術的な付加をすることではない。反対に、何かを削っているのである。彼らの作品のなかでありふれたものが獲得しているのは、ある種の無差別である。文章やフレーミングの中性的性格は、社会的な身分を同定するための固有性を不確定なものにする。こうした不確定化は、だから、自らを目につかないようにするための芸術の作業の結果なのだ。イメージの作業は、社会のなかのありふれたものを、芸術の非人称性においてとらえる。そしてそのありふれたものから、それをある特定の状況や性格の単なる表現にしているものを取り去るのである。

ありふれたものと非人称的なものの間にあるこの関係のなかで働いている「物思いにふける性格」を理解するためには、リネケ・ダイクストラの撮った娘からウォーカー・エヴァンスの撮った台所へ、ウォーカー・エヴァンスの撮った台所からフロベールの描いた台所へとわれわれを導いた道を、さらにもう一歩引き返してみるのがよいだろう。この一歩は、ムリーリョによって描かれ、ミュンヘンの王立ギャラリーに保管された、セビリアの物乞いの少年たちを題材とする一連の絵画へとわれわれを導く。私がこれらの絵画に注目するのは、ヘーゲルが『美学講義』のなかで行っている奇妙な解釈のためである。それらの絵画は、フランドルおよびオランダの風俗画を詳述している箇所で、付随的に触れられている。そこでヘーゲルは、絵画ジャンルの価値をその主題の品位に従って格付けする、古典的な評価法を転覆しようと努めている。しかしヘーゲルは、すべての主題は等しく絵画に適していると言うだけでは満足しない。ヘーゲルは、ムリーリョの絵画作品が持つ力と、これらの物乞いの少年たちに固有の活動、まさに何もしない、何も気にかけないという活動との間に、緊密な関係を打ち立てている。彼らには、外部〔外見〕に対する完全な無関心、外部〔外見〕のもとにおける内部〔内面〕の自由があり、それこそまさしく、芸術的理想の概念が要求しているところのものである、そうヘーゲルは言うのである。この少年たちは、オリンポスの神々の示す恍惚とほとんど同じような恍惚を示しているのである[27]。

このような解釈をするためには、ヘーゲルは神々の本質的な徳が何もしないこと、何も気にかけないこと、そして何も望まないことであるということを、すでに明白なものとみなしていなければならない。そしてまた、至高の美とはこの無関心を表明するものであるということも、明白なものとみなしていなければならない。とはいえこのような確信は自明のものではない。より正確に言え

(27) Hegel, *Cours d'esthétique*, trad. Jean-Pierre Lefebvre et Veronica von Schenck, Aubier, 1995, t. 1, p. 228〔邦訳『ヘーゲル美学講義 上』長谷川宏訳、作品社、一九九五年、一八三頁〕.

ば、それが自明のものとなるのは、表現力の体系のなかにも、芸術および神々しさをめぐる思考のなかにも生じた切断を考慮に入れる場合のみである。ヘーゲルがこれらの物乞いの少年たちに付与している「オリンポス的な」美は、それに先立つこと六〇年前にヴィンケルマンが賞賛した、ベルヴェデーレのアポロン像の美である。それは何を気にかけることもない神の美なのだ。物思いにふけるイメージとは、活動の中断のイメージである。ちなみに、ヴィンケルマンはこのような中断を、ベルヴェデーレの『トルソ』に関する分析のなかで説明している。このトルソは彼にとって、休息中のヘラクレスのものであった。このヘラクレスは、自分の過去の偉業に、心静かに思いを馳せている。しかしその思いの方は、背中と腹の襞によって余すところなく表現されている。そこでは背中と腹の筋肉が、高まっては砕ける波のように互いのうちに流れ込んでいる。活動は思考することとなったのだが、思考それ自体は、海原の波の徹底した無関心にも似た、不動の運動に変わったのである。

この『トルソ』や物乞いの少年たちの穏やかさのなかで示され、アラバマの台所あるいはポーランドの娘の写真に絵画的な効力を与えているのは、思考、芸術、行動、そしてイメージの間にある関係の地位の変化である。この変化こそが、表現の再現＝表象的体制から美的＝感性論的体制への移行を特徴づけているのだ。再現＝表象の論理は、表現を補足するものとしての地位をイメージに与えていた。そこでは、作品の思考は――作品が言葉によるものであれ視覚的なものであれ――「物語」という形で、つまりひとつの筋立て〔行動〕の構成という形で具体化されていた。そのとき、イメージはこの筋立ての力を強化するためのものだった。この強化には二つの主要な形式があった。ひとつは、人物を駆り立て、行動へと向かわせる思考や感情を顔の表情や体の姿勢によって表現する、直接的表現法の形式である。もうひとつは、ある表現をもうひとつの表現の代わりに用いる、詩的な比喩形象の形式である。したがって、この伝統のなかでは、イメージは二つのことを意味した。思考あるいは感情の直接的な再現＝表象であること、そして、ある表現をほかの表現で置き換えることでその力を高める、詩的な比喩形象であることだ。しかし、比喩形象がこのような役割を演じることができたのは、「本来の」タームと「比喩的な」ターム、例えば鷲と王威、あるいは獅子と勇気の間に、適合関係が存在していたからだ。こうして、直接的提示と比喩形象による置換が、同じ類似の体制のもとで結びつけられていた。異なる類似性の間のこの同質性が、古典的なミメーシスを固有に特徴づけているのである。

この同質な体制との関連においてこそ、わたしが脱固有化された類似と呼んだものが意味を持ってくる。近代における美的＝感性論的な切断は、しばしば再現＝表象の体制から現前性ないし現前化の体制への移行として描かれる。このような見方から、芸術におけるモダニティに関する二つの主要な見方が生じた。まず、芸術の自律性という幸福なモデルにおいては、イメージによる媒介を省くことで、芸術家の観念が物質的な形で表現される。次に、「崇高なもの」の悲劇的なモデルにおいては、逆に感性的な現前性が、観念と感性的物質性の間には共通の尺度で測ることのできるようないかなる関係もないことを明らかにする。ところで、われわれが挙げてきた例は、美的＝感性論的切断を思考するための第三の方法を思い描くことを可能にする。この切断は、直接的現前のためにイメージを消去することなのではなく、イメージを筋立ての統一化論理から解放することなのである。美的＝感性論的切断は、知性的なものの感性的なものに対する関係の切断なのではなく、比喩形象の新たな地位なのだ。フィギュール〔比喩形象〕という語の古典的な語義のなかでは、二つの意味が結合されていた。一つめは感性的な現前という意味であり、二つめはある表現の代わりにほかの表現を用いる置換の操作という意味である。しかし、美的＝感性論的体制においては、もはや比喩形象は単にひとつの表現に取って代わるもうひとつの表現なのではない。それは、定まった関係なしに絡み合う、二つの表現体制である。それこそ、ヴィンケルマンの描写が示しているところのものだ。思考は石が波打っているかのような筋肉のなかにある。しかし、思考と波打つ動きの間には、いかなる表現関係もない。思考は、いかなる定まった類比関係によってもそれに似てはいない何かのなかへ移る。そしてある目的へと向けられた筋肉の活動は、正反対のものに成り変わる。つまり運動を際限なく受動的に反復することとなるのである。

以上のことに基づいて、イメージの物思いにふける性格を肯定的に思考することが可能となる。それは唯一的な出現のアウラ、あるいはプンクトゥムなのではない。それはまた、単にわれわれが作者の考えていることを知らないとか、われわれの解釈にイメージが抵抗するとかということでもない。イメージの物思いにふける性格は、二つの表現体制を同質化することなく結合するという、比喩形象の新たな地位の産物なのである。このことを理解するために、文学に立ち戻ることにしよう。文学は、物思いにふける性格のこのような機能を、最初に明示したものだからである。『S／Z』のなかで、ロラン・バルトはバルザックの『サラジーヌ』の最後の文、「公爵夫人は物思いにふけるのだった」、に註釈を加えている。「物思いにふける」という形容は、当然ながらバルトの注意を引いた。それは人物の精神状態を指し示しているように見える。しかし〔バルトによれば〕実際には、バルザックがそれを用いた箇所で、この形容はまったく別のことをしている。それはテクストの地位を変化させているのである。場面はひとつの物語の結末である。物語の秘密が明かされ、それによって、語り手が公爵夫人に対して抱いていた希望が消え去ったところだ。ところが、物語が語り終えられるまさにその瞬間に、「物思いにふける性格」がこの終わりを否定しにやってくる。未規定な表現の論理を利する形で、叙述の論理を中断しにやってくるのである。バルトはこの「物思いにふける性格」のなかに、「古典的なテクスト」の印を読み取っていた。それは、テクストには常に残しておかれた意味があり、常に十全さに対する剰余があるということを、テクストが示すための方法であるというわけだ。しかし、わたしはまったく別の分析をすることが可能であると思う。つまりバルトとは反対に、この「物思いにふける性格」のうちに近代的なテクストの印、すなわち表現の美的＝感性論的体制の印を読み取ることが可能であると思うのである。というのも、物思いにふける性格は、筋立て《アクション》の論理を妨害しにくるからだ。終わろうとしていた行為《アクション》をそのまま続かせる一方で、それはあらゆる結論を宙づりにする。中断されているのは、叙述と表現の関係である。物語はひとつの光景のうえで停滞する。しかし、この光景はイメージの機能が逆転していることを示している。視覚性の論理は、もはや筋立てを補足しにくるのではない。それを中断しに、そしてより正確には、それと重なりにくるのである。

別の小説家、フロベールが、われわれにそれを理解させてくれる。実際、『ボヴァリー夫人』にちりばめられた色恋の瞬間は、それぞれひとつの光景、ひとつのちょっとした視覚的情景によって強調されている。エマの日傘のうえに落ちる溶けた雪のひとしずく、睡蓮の葉のうえの虫、太陽に輝く水のしたたり、乗り合い馬車の巻き起こす雲状の土ぼこり。こうした光景、受動的に受け取られるこうしたつかの間の印象が、色恋事の引き金となっている。あたかも、絵画的描写がテクストにおける叙述の連鎖に取って代わりにくるかのようだ。こうした光景は、色恋事の場面の単なる背景なのではない。恋愛感情を象徴的に示しているのでもない。葉のうえの虫と愛の芽生えの間には、いかなる類比関係もありはしない。だから、こうした光景はもはや叙述に表現力を補うためのものではない。むしろ、描写と叙述、絵画と文学が、役割を交換し合うことなのだ。非人称化のプロセスを、ここでは絵画的受動性による文学的能動性の侵略として言い表すことができる。ドゥルーズの言葉を用いて、異型発生〔hétérogenèse〕と言うこともできるかもしれない。言葉を通じて現われる視覚的な要素は、もはや表現力を補足するものではない。バルザックにおける公爵夫人の思いにふける性格のような、単なる中断なのでもない。それはもうひとつ別の叙述の連鎖を構築するための要素なのである。つまり、感性的なミクロの出来事の連鎖が、原因と結果という古典的な連鎖、企図された目的、その実現、そしてその帰結という古典的な連鎖に、重なりにやってくるのだ。こうして、小説は出来事を繋ぐ二つの連鎖の、関係なき関係として構築される。山場や結末をともなって、始まりから終わりへと向かっていく物語の連鎖と、このように方向づけられた論理には従わず、始まりも終わりもなく、因果の関係もなく、偶然まかせに散らばっていく、ミクロな出来事の連鎖とである。フロベールが、自然主義の最高権威であると同時に、芸術のための芸術の主唱者であるとみなされたことはよく知られている。しかし、自然主義と芸術のための芸術は、それぞれ同じひとつの事柄の一面のみを指し示しているに過ぎない。その事柄とは、ひとつの芸術がもうひとつの芸術のなかに存在することであるような、二つの論理の絡み合いである。

ここでウォーカー・エヴァンスの写真に話を戻せば、この写真家がなぜフロベールという小説家に準拠していたのか理解することができる。この写真は、社会的事象のありのままの記録でもなければ、貧しい農民たちの貧困を示さなければならないにもかかわらず芸術のための芸術を作り出すような、ひとりの耽美主義者の創作なのでもない。それは二つの芸術、二つの「目に見えるようにする」やり方の混交を示しているのだ。絵画の無言がフロベールの文学的叙述に入り込んでいたように、文学的な過剰、すなわち、言葉がそれの指し示す対象のうえに投げかけるものの過剰が、ウォーカー・エヴァンスの写真に入り込むのである。文学によって鍛え上げられた、ありふれたものを非人称的なものへと変容させる力が、写真の見かけの明白さ、見かけの直接性を、内側から掘り崩しにくる。だとすれば、イメージの物思いにふける性格とは、ひとつの表現体制が、別の表現体制のなかに潜伏しているということなのだ。現代においてこの思いにふける性格を模範的に示しているのは、映画、写真、そして詩作の間を行き来する、アッバス・キアロスタミの仕事だろう。彼の映画のなかで道が持つ重要性はよく知られている。彼が道を主題とした写真の連作をいくつも制作していることもよく知られている。これらのイメージは、それらが二つの再現＝表象様式を結びつけているやり方によって、模範的な形で物思いにふけるイメージとなっている。そこでは、道はある一点から他の一点へと向かう道筋であると同時に、それとは反対に、領土のうえに描かれた抽象的な線や螺旋がなす、純然たる図案でもあるのだ。彼の映画作品、『キアロスタミの道』〔*Roads of Kiarostami*〕は、この二種類の道の間を行き交うための見事な通路を作り出している。カメラは芸術家キアロスタミの写真作品を次々と駆け巡っているようにまずは見える。カラーの写真がモノクロで撮影されているので、写真のグラフィックで抽象的な性格が際立っている。カメラは写真に撮られる風景をデッサンに、あるいはカリグラフィにさえ変容させる。しかしある瞬間、カメラの役割は逆転する。それはひとつの切断器具となって、デッサン用の紙にも似たこれらの表面を引き裂き、そしてまたこれらの筆跡を、それらが抽出されたもとの風景へと送り返すように見える。こうして、映画、写真、デッサン、カリグラフィ、そして詩が、それぞれの能力を混ぜ合わせ、それぞれの特異性を交換するようになる。もはやただ単に文学がイメージを通じて絵画になろうとするのでもなければ、写真がありふれたものの文学的変容を連想させるのでもない。様々な表現体制が絡み合い、交換、融合、隔たりといった、様々に特異な結合を作り出すのである。こうした結合は、イメージの物思いにふける性格の種々の形式を作り出す。こうした形式においては、ストゥディウムとプンクトゥム、芸術の操作的性格とイメージの直接性といった対立は棄却される。だとすれば、イメージの物思いにふける性格は、写真や絵画の沈黙が有する特権なのではない。この沈黙それ自体、ある特別なタイプの比喩形象性であり、様々な表現体制の間にある、ある種の緊張関係なのである。そしてこの緊張関係はまた、様々に異なる媒体が、それぞれの持つ能力を交換し合うことでもあるのだ。だとすれば、その作為的性格ゆえに、文章や絵画や写真のようには物思いにふける性格を持つことができないとア・プリオリに考えられているようなイメージの生産様式も、この緊張関係によって特徴づけることができるようになるだろう。私の念頭にあるのはビデオイメージのことである。ビデオアートが発展しつつあった一九八〇年代、この新しい技術を、可視的なもののスペクタクルへの受動的な従属から芸術が完全に脱却するための手段と考える芸術家たちがいた。というのも、ビデオアートにおいては、視覚的な素材はスペクタクルが感光フィルムに刻み付けられることによって生み出されるのではもはやなく、電気信号の能動的作用によって生み出されるからだ。ビデオアートは当然、無限に可塑的な素材を手にした芸術家の思考の計算によって直接生み出される可視的な形態を用いる芸術ということになった。だから実のところ、ビデオイメージはもはやイメージではなかった。この芸術の主導者のひとりが言うように、「厳密に言うと、時間のなかには、ビデオイメージが存在していると言うことのできるような瞬間はまったくない[28]」。要するに、ビデオイ

(28) Hollis Frampton, *L'Écliptique du savoir*, Centre Georges Pompidou, 1999, p. 92.

メージはまさにイメージの固有性であったものを破壊しているように見える。すなわち、手段と目的の技術的な計算に抵抗し、可視的なもののスペクタクルのうえに適切な意味を読み取ることに抵抗する、イメージの受動的部分を破壊しているように見える。それはイメージに固有な中断能力を破壊しているように見えるのである。ある者たちは、素材や手段を完全に支配する、ひとつの芸術のための手段をそこに見ていた。またある者たちは、それとは逆に、映画的な物思いにふける性格の消失をそこに見ていた。パスカル・ボニゼールは、その著書『目に見えない領域』〔*Le Champ aveugle*〕のなかで、絶えず変容するこの可塑的な表面を告発していた。ビデオにおいて消え去ってしまったのは、イメージを構成する種々の分断であった。映画におけるフレーム、ショットの統一性、内部と外部、前と後、視界の内と外、遠と近といった分断が、消え去ってしまったというわけだ。したがって、こうした分断に結びついた情緒の体系もまた、まるごと消え去ってしまった。映画は文学同様、連鎖の時間性と分断の時間性の緊張関係を糧にしていた。ビデオは、従順な素材の変形が無限に循環し続けるようにするために、この緊張を消し去ってしまったのである。

だが、ビデオアートについても写真と同じことが言える。写真は発展していくなかで、アンチ芸術なのかそれとも根本的に新しい芸術なのか、というジレンマを否定した。そしてビデオイメージも、写真と同様、異型発生の場、様々な表現体制の間に緊張関係が生じる場となったのである。この時代のひとつの特徴的な作品が、このことを理解させてくれるだろう。一九八七年に制作された、ウッディ・ヴァスルカ〔Woody Vasulka〕の『ジ・アート・オブ・メモリー』〔*The Art of Memory*〕は、当時自らをイメージの粘土を捏ねくる彫刻家と考えていた、ひとりの芸術家の作品である。しかし、このイメージの彫刻は、物思いにふける性格のまったく新しい形式を作り出している。というのも、素材とビデオ画像処理の同質性は、いくつもの分化へと委ねられるからである。まず一方で、二つのタイプのイメージが混合する。ひとつはアナログと呼ぶことのできるイメージである。ここでアナログというのは、技術的な意味ではなく、これらのイメージが風景や人物を、それらがカメラの眼差しのなかや画家の筆のもとに現われうるのと同じように提示する、という意味である。それらは、帽子をかぶったひとりの人物、岩山の頂上に現われる神話的創造物めいたもの、色彩は電子的に細工されているが、現実の風景に類似したものとして示されることに変わりはない砂漠の景観といったイメージである。それとは別に、変形していく一連の形態が、明らかに人工物として、つまり計算と機械の産物として差し出される。それらは、形態からはぐにゃぐにゃの彫刻のように見えるが、質感からは純然たる光の揺らめきでできた存在であるように見える。それらは電子のうねりのようなものであり、自然界にあるいかなる形態とも対応することがなく、いかなる表現機能も持たない、純然たる波長のようなものである。ところが、この電子のうねりは二重の変形を被り、それによって、まったく新しい物思いにふける性格を見せる劇場となる。まず、ぐにゃぐにゃの形態が、砂漠の風景のただなかにスクリーンとなって広がる。このスクリーンのうえに、ひとつの世紀の記憶を特徴づけるイメージが投影される。広島の原爆のキノコ雲やスペイン戦争の様々なエピソードといったものだ。しかし、このスクリーンとなった形態は、やはりビデオ画像処理によって、さらに変形されていく。それは軍人たちが通って行く山道となり、殺された兵士たちの墓碑となり、あるいはまた、ドゥルティの肖像を刷る印刷用の輪転機ともなる。こうして、電子的形態は記憶の劇場となる。再現＝表象されたものを再現＝表象するものに変え、支持体を主題に変え、ドキュメントをモニュメントに変える、ひとつの機械となるのである。

しかし、この形態はこうした操作を実行しつつも、変形する素材をただ拡張するだけのものとなることを拒む。行為が展開されるための支持体ないし劇場となるときでさえ、それは二重の意味でスクリーン〔遮蔽物〕であり続ける。スクリーンは物が顕現する表面であるが、それと同時に、識別を妨げる不透明な表面でもある。こうして電子的形態は、アーカイヴの灰色のイメージを西部劇調の風景のカラーイメージから切り離す。つまり、アナログ・イメージの二つの体制を切り離すのである。そしてそれらを切り離すことで、電子的形態はそれ自体の同質性を分裂させる。芸術家の計算が可視的な素材のなかで正確に翻訳されるような芸術という思い上がりを退けるのだ。イメージの思いにふける性格とは、二つの現前性の間にある、このような隔たりである。電子の筆によって生み出される抽象的な形態がひとつの心的空間を作り出し、そこでナチス・ドイツ、スペイン戦争、あるいは広島の原爆のイメージや音が、それらがわれわれにとって何であるのかに応じた視覚的な形態を受け取る。それはアーカイヴのイメージであったり、知や記憶の対象であったり、そしてまた強迫観念や悪夢、あるいはノスタルジーであったりする。ヴァスルカは脳内の記憶空間を作り出す。そしてそこに二十世紀の戦争や残虐行為のイメージを収めることで、イメージの現実性やイメージが感情を動かす力に対する不信が引き起こした、再現＝表象不可能なものの議論を退ける。しかしその一方で、こうした二十世紀の出来事によって、ビデオは、観念が自分自身の素材〔質料〕を生み出すという夢から引き離される。出来事に応じて、ビデオは様々な視覚的形態に適応していくが、これらの形態は、こうした出来事が保存され、集団的記憶を構成する際の形態、つまりフィルム、モニター、書籍、ポスター、あるいはモニュメントといったものなのだ。このとき、イメージの物思いにふける性格はこの二つの操作の関係であり、それがあまりに純粋すぎる形態、あるいは過剰に現実感を詰め込まれた出来事を、何か別のものにするのである。この関係の形式は芸術家によって決められるのだが、それをどう評価するかを定めることができるのは観客だけである。観客の眼差しだけが、デジタル「素材」の変形とひとつの世紀の歴史の上演との間に生まれる均衡に、現実性を与えるのである。

物思いにふける性格のこのような形式を、二十世紀の歴史のためにビデオによって築き上げられたもうひとつのモニュメント、ゴダールの『映画史』が用いている形式と比べることは、興味をそそるものだ。もちろん、ゴダールはヴァスルカとはまったく異なる仕方で作業を進めている。彼は記憶装置を構築するのではない。すべてのイメージが互いのうえを滑り合えるような、ひとつの表面を作り上げているのである。ゴダールはイメージの物思いにふける性格を、二つの主要な特徴によって定めている。まず、それぞれのイメージは、ひとつの形態、ひとつの姿勢、ひとつの中断した仕草の様相を纏う。こうした動作のそれぞれは、ある意味では、バルザックが公爵夫人に与えていた能力、物語をひとつの光景に凝縮させる能力をとどめている。しかし、それはまた、もうひとつ別の物語を始動させる能力もとどめている。だからこうしたスナップショットのそれぞれは、その個別の支持体から離れ、別のスナップショットのうえに滑り込んだり、それと結びついたりすることができる。映画のショットが絵画、写真、あるいはニュース映画と結びつくという具合だ。それこそゴダールが隠喩の友愛と呼ぶところのものだ。それは、ゴヤが鉛筆で描いたひとつの姿勢が、映画のショットの図案や、カメラのレンズがとらえた、ナチスの収容所で拷問され処刑された身体の形と結びつく可能性であり、それぞれのイメージが持つ二重の能力によって、世紀の歴史を様々な仕方で書く可能性である。その二重の能力とは、ある時代に特徴的な数々の身振りを凝縮する能力と、この同じ能力を備えたすべてのイメージと結びつく能力である。こうして、『映画史』の最初のエピソードの終わりでは、スーラの『アニエールの水浴』の少年や『グランド・ジャット島の日曜の午後』の散歩者たちが、一九四〇年五月のフランスの人物像となる。それは人民戦線と有給休暇導入のフランスであり、ナチス・ドイツに短刀を突き立てられたフランスである。ナチス・ドイツは、フリッツ・ラングの『M』から抜き出された警官隊の手入れの場面によって象徴され、それに続いて、ニュース映画から取ってこられた装甲部隊が、印象派の風景のなかに突進していく。その一方で、『ニーベルンゲン――ジークフリートの死』、『ドクトル・マブゼ』、『生きるべきか死ぬべきか』といった映画から抜き出されたショットがわれわれに示すのは、戦争や絶滅収容所とともにニュース映像がどのようになっていくのかを、映画がすでに描き出していたということだ。ゴダールの手法についての分析を繰り返すことはしない。[29] ここで私の関心を引くのは、ゴダールが比喩形象の作業を三つのレヴェルで利用する際のやり方である。まず、彼は連鎖の二つの論理を組み合わせる比喩形象性の形式を先鋭化している。それぞれの要素は、叙述的連鎖と無限の隠喩化の連鎖という二つの論理に従って、ほかの要素に連接されるのである。第二のレヴェルでは、比喩形象性は、複数の芸術、複数のメディアが、それぞれの能力を交換し合う仕方である。しかし第三のレヴェルでは、それはひとつの芸術がほかの芸術にとっての想像世界を作り出すために用いられる仕方となる。ゴダールは、映画のイメージを用いて、映画自身が行わなかったことをしようとしている。映画がそれを行わなかったのは、物語を売る商売のために隠喩の友愛を犠牲にすることで、自らの使命に背いてしまったからだ。隠喩を物語から切り離し、それをもうひとつの「物語＝歴史」とすることで、ゴダールは存在することのなかった映画を作るのである。しかし、彼はビデオのモンタージュを用いてそれを行っている。つまり、ビデオモニターのうえに、ビデオの手法を用いて、いまだかつて存在したことのない映画を構築しているのである。

芸術がある別の芸術を媒介にして自分自身と取り結ぶこの関係を、ここでの思索のとりあえずの結論としてもよいだろう。私は物思いにふける性格という観念に実質を与えることを試みた。この

(29) この点については、私が『映画的寓意』(*La Fable cinématographique*, Paris, Seuil, 2001) および『イメージの運命』(Paris, La Fabrique, 2003) のなかで行った分析を参照していただきたい。

観念は、イメージのなかで思考に抵抗するもの、つまりそれを生み出した者、そしてそれを同定しようとする者の思考に抵抗するものを指し示している。この抵抗のいくつかの形式を探究することで私が示そうとしたのは、この抵抗はある種のイメージの性質を構成している固有性なのではなく、同じ表面上にある複数の機能イメージが隔たり合う作用であるということだ。だとすれば、なぜ同様の隔たり合い作用が、芸術のなかでもその外でも現われるのか、そしてどのようにして芸術的操作が、芸術が自分自身から抜け出すための手段である物思いにふける性格の諸形式を構築することができるのかが理解される。この問題は新しいものではない。芸術的な形式、つまり芸術を行おうとする意図によって規定された形式と、美的形式、つまり概念なしに知覚され、意図的な合目的性という観念を完全に退ける形式との間にある隔たりを、カントはすでに指摘していた。二つの「形式」のこのような接合――それは二つの感性的な現前化の体制の間を飛び越えることでもある――を実行することのできる芸術の発明を、カントは美的理念と呼んでいた。「美的理念」を生み出すこの芸術を、私は比喩形象の概念を拡張することで思考しようと試みた。ここで比喩形象の概念は、もはや単にあるタームを別のタームで置き換えることを意味するのではなく、複数の表現体制と、複数の芸術およびメディアの作業とを組み合わせることを意味する。多くの解説者たちが、新たな電子メディアや情報メディアに、芸術による発明の終焉とまでは行かないにしても、イメージの異他性の終焉を見て取ろうとした。しかし、コンピューターやシンセサイザー、そして種々の新しいテクノロジーは、全体としては、イメージや芸術の終焉を意味することなどなかった。それは写真や映画が、それぞれの時代にイメージや芸術の終焉を意味しなかったのと同様である。美的＝感性論的時代の芸術は、それぞれの媒体が提供しうる可能性を絶えず活用してきた。その効果をほかの芸術の効果と混ぜ合わせるために、そしてほかの芸術の役割を取り込み、それによって新たな比喩形象を作り上げることで、ほかの芸術が使い果たしてしまった感性的な可能性を蘇らせるために。新しい技術や支持体は、こうした変容にこれまでなかった可能性をもたらすものだ。イメージは、それほどすぐには、物思いにふけるのをやめることはないだろう。

書誌

この書物に収められたテクストは、講演のために書かれたものの最終ヴァージョンである。それ以前のヴァージョンは、たびたび加筆訂正されて、この四年の間に、大学や芸術、文化関連の様々な機関で、フランス語あるいは英語で発表された。

この書物のために貢献してくれた、すべての人たちに感謝したい。彼女らそして彼らは、私を招待し、これらのテクストのこれこれのヴァージョンを傾聴し、それについて議論してくれた。講演が行われたのは以下の機関である。第五回フランクフルト・アム・マイン国際サマーアカデミー（二〇〇四）、サンパウロSESCベレンジーニョ（二〇〇五）、リヨン美術学校（二〇〇五）、ボルドーCAPC美術館（二〇〇五）、ベイルート・ホームワークス・フェスティヴァル（二〇〇五）、ストックホルム・フランス文化学院（二〇〇六）、第二回モスクワ芸術ビエンナーレ（二〇〇六）、メネンデス・ペラヨ国際大学クエンカ校（二〇〇六）、ポルト・セラルヴェス財団美術館（二〇〇七）、チューリッヒ芸術大学（二〇〇七）、ブリュッセル・ボザール宮、ポートランド・パシフィック・ノースウエスト芸術大学（二〇〇八）、ウィーンMumok美術館（二〇〇八）。

シュデターシュ大学（二〇〇六）、パリ・トロンダイム大学（二〇〇六）、コペンハーゲン大学（二〇〇七）、ウィリアムズタウン・ウィリアムズ大学（二〇〇七）、ダートマス大学（二〇〇七）、サンクトペテルブルク・ヨーロッパ大学（二〇〇七）、バーゼル大学エイコネスセンター（二〇〇七）、カリフォルニア大学アーバイン校（二〇〇八）、ブリティッシュ・コロンビア大学バンクーバー校（二〇〇八）、カリフォルニア大学バークレイ校（二〇〇八）。

「解放された観客」は、英語のオリジナル・ヴァージョンが、『アート・フォーラム』誌（XLV、第七号、二〇〇七年三月）に発表された。

「批判的思想の災難」の英語ヴァージョンは『アポリア　ダートマス大学哲学ジャーナル』（二〇〇七年秋）に発表された。

最後に、物思いにふけるイメージについての思索は、ジュ・ドゥ・ポム美術館で二〇〇五年から二〇〇六年にかけて行われたセミナーに多くを負っていることを記しておく。

作品を複製することを快く許可してくれた、ヨゼフィーネ・メクセペル、マーサ・ロスラー、アルフレッド・ジャール、リネケ・ダイクストラ、ソフィー・リステルユベールに感謝の意を表する。

補遺

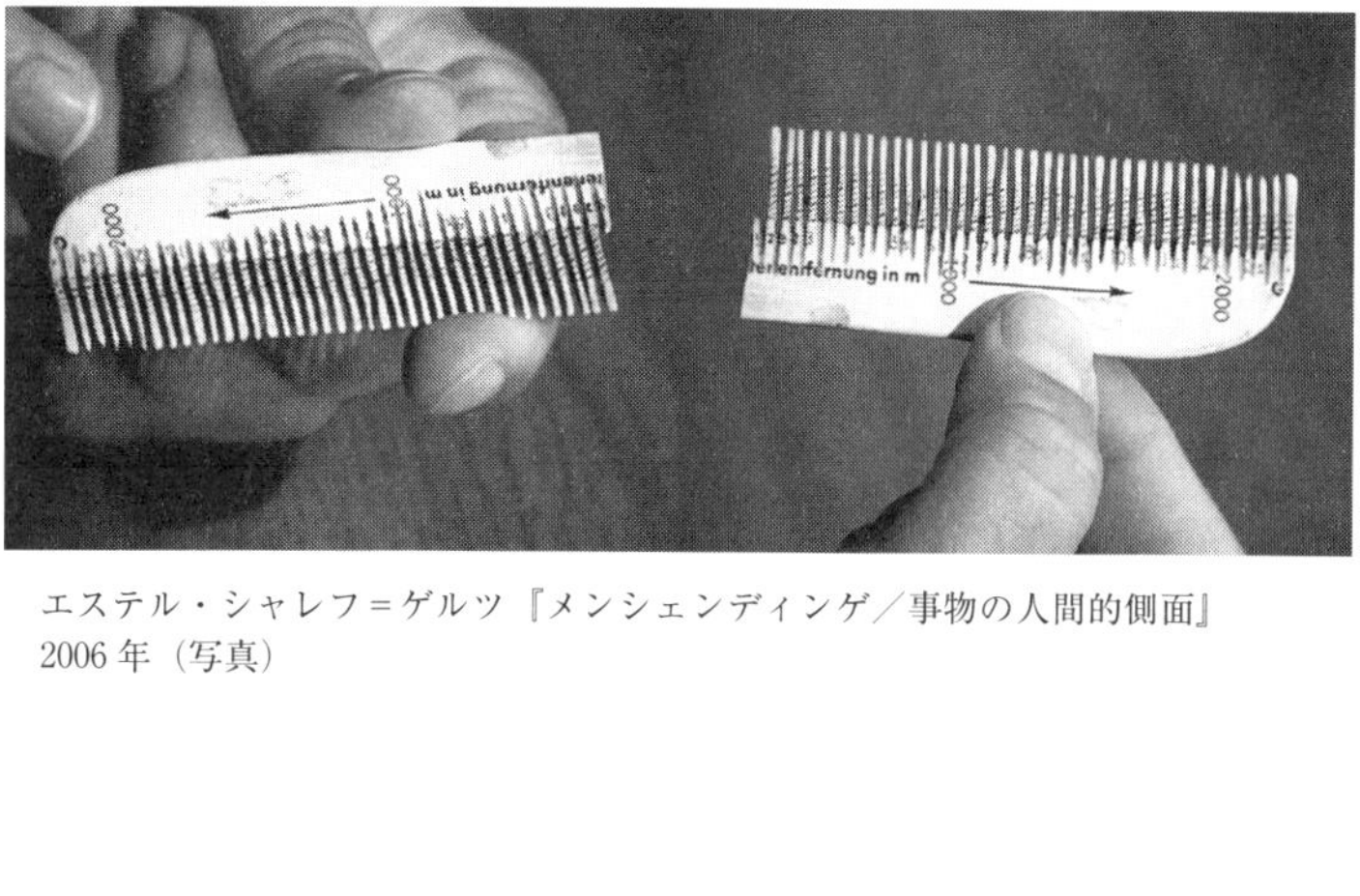

エステル・シャレフ＝ゲルツ『メンシェンディンゲ／事物の人間的側面』
2006 年（写真）

イメージの作業*

MenschenDinge、事物の人間的側面。ブーヘンヴァルト記念館内の壁面に、そして展示室の中央に配置された五つのビデオのなかに、再現＝表象《ルプレザンテ》された事物がある。弁当箱やチェーンブレスレット、櫛、スリッパ、あるいは指輪といったものたちだ。これらの事物は、一九三七年から一九四五年の間ブーヘンヴァルトの強制収容所のなかで生きた者たち、あるいはそこで死んでいった者たちを語るものとしてそこにある。それらは、思うに彼らの物語を描き出す《ルプレザンテ》ために、彼らの代わりにそこにある。したがって、エステル・シャレフ＝ゲルツは最初からお決まりの問いをはぐらかしているわけだ。強制収容所の残虐さを再現＝表象《ルプレザンテ》することができるのか、またそうしなければならないのか、このように問う声は数え切れず、跡を絶たない。だが実のところ、問いは形だけのものである。この問いを提出する者たちは、すでに答えを知っているからだ。この答えは三段階に展開される。再現＝表象するとは目に見えるようにすることである。だから共犯者になろうとするのでない

かぎり、凌辱と人間性剝奪の所業を目の快楽のために差し出してはならない。また、再現＝表象するとは物語を組み立てることである。だから許容できるものにしてしまおうとするのでなければ、組み立てられた物語の合理性を大量殺戮に与えてはならない。最後に、再現＝表象するとは偶像崇拝に与することである。だから、大量殺戮を再現＝表象することは、神がイメージの禁止を命じた民族に対する罪を、もう一度繰り返すことである。ある者たちはさらに付け加える。それは芸術のモダニティを裏切ることでもある、このモダニティもまた、芸術自身のために、イメージがもたらす取るに足りない快楽を捨て去ったのだからと。

これらの理由はすべて同じ原則に拠るものである。再現＝表象を、不在の事物の代わりを作り出すペテンと同一視しているのだ。それは虐待され凌辱された身体を、そこで保たれているような確かさを保証するものとしてはもはや存在しないにもかかわらず描き出すものであり、出来事の特異性にふさわしくないフィクションであり、大文字の他者の声に取って代わる偶像である。再現＝表象するとは、ほかのものの代わりになることであり、したがって、物事の真理を偽ることなのだ。

＊訳注　このテクストは *Esther Shalev-Gerz* (Jeu de Paume et Fage Éditions, 2010) に収録されたJacques Rancière, « Le travail de l'image » の翻訳である。『解放された観客』と共通する主題が扱われているため、補遺として本書に収録した（詳しくは「訳者あとがき」を参照）。図版については二〇六頁以下、《エステル・シャレフ＝ゲルツ作品解説》を参照。

これが、この手の批判のすべてに共通の前提である。ところで、エステル・シャレフ＝ゲルツは二つの点でこの前提を反駁している。まず、事物そのものは決してそこにはない。あるのは再現＝表象だけである。つまり、身体の発する言葉、そして言葉が語っていることではなく身体が行っていることをわれわれに示すイメージがあるだけなのだ。しかしその一方で、再現＝表象されているものは何もない。われわれが相手にしているのは現前するものだけである。事物、それを触る手、それについて語る口、聞き取る耳、動き回るイメージ、言われることや見られることに対する注意が刻み込まれた目、身体のこうした記号をほかの者たちの目や耳に差し出すプロジェクターなどだ。

この二つの主張を一緒に繋ぎ止めておかなければならない。事物は決してそれ自体としてそこにあるわけではないが、にもかかわらず現前するもの以外には何もないのだ。したがって、『ファシズムに対抗するモニュメント』の意義について思い違いをしないようにしなければならない。このモニュメントはヨッヘン・ゲルツと共同で構想され、今日ハンブルクの地中に埋め込まれている。このモニ

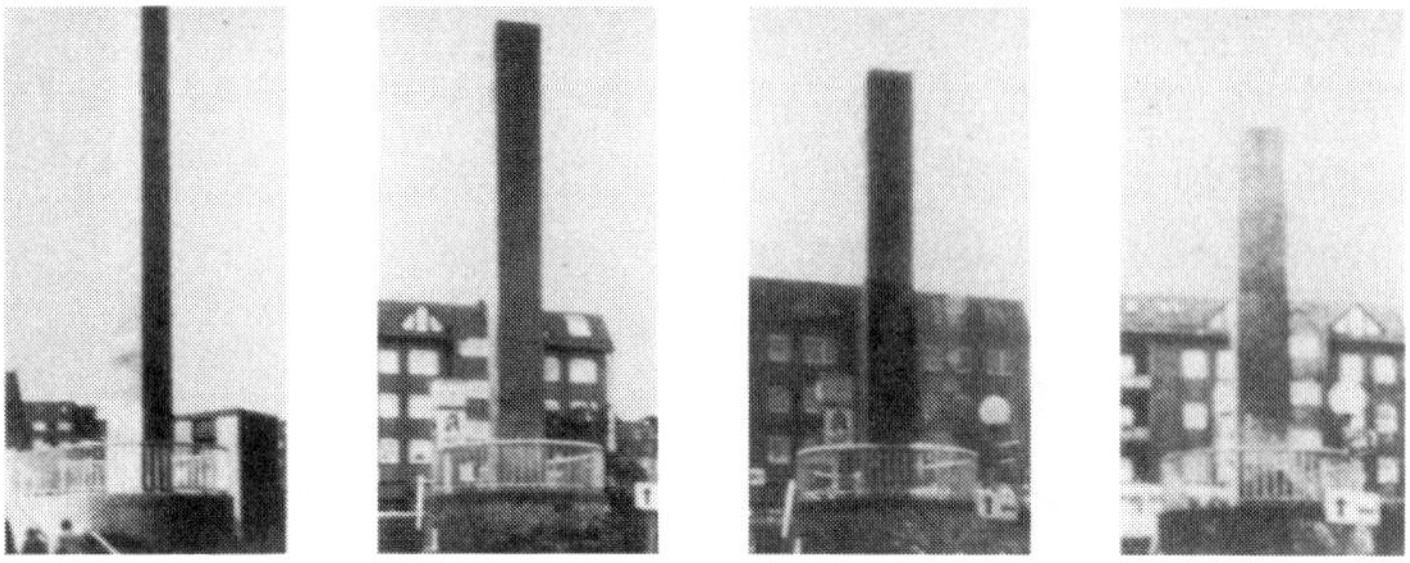

『ファシズムに対抗するモニュメント』，1986 年．J. ゲルツとの共作（写真）

ユメントは消え去るように作られていたので、人はそれを再現＝表象不可能なものの政治という枠に入れ込もうとした。この政治によると、絶対的に他なるもの——不可視の神であり、そしてまたこの神の民に対する犯罪でもある——は再現＝表象されることはできず、ただ不在を示す印によってのみ象徴化されるのでなければならない。そしてそうした印のなかで最も確かなものは、実際に消え去ってしまうことである。しかし、不可視のモニュメントは不在のものに捧げられたモニュメントなのではない。そのまったく反対なのだ。それが意味しているのは、惨劇の記憶やそれを繰り返すまいという決意のモニュメントは、今ここにいる者たちの意志のなかにしかないということなのである。この意志を示す署名が、少しずつ柱を覆っていくことで、その漸進的な埋設を決定したのである。モニュメントは、それが象徴している使命を引き受ける者たちによって埋設されたのだ。エステル・シャレフ＝ゲルツが別の作品の主題としている「取り返しのつかないもの」〔irréparable〕についても、思い違いをしないようにしなければならない。彼女にとって、取り返しのつかないものとは、歴史を二つに分断し、われわれを記憶の外へと追いやるような、絶対的な犯罪や消し去ることのできないトラウマなのではない。逆に、それはその続き、そして現在へと進んでいくための、積極的なやり方を要求するものなのだ。『ホワイト・アウト』のなかでラップ人の女性アサがわれわれに語る物語によって、過ちや負い目に対する関係を定めるこの別のやり方を象徴させることができる。彼女の祖父は、長いこと郵便配達人によって盗みを働かれていた。この配達人は、遊牧民たちが不在のときに彼らに支給される手当をくすね、このこそ泥のおかげで立派な家を建てたのである。ある日、後悔の念にかられて、配達人はお金を返そうとした。ところが、祖父は返金を断った。お金は取られ、家は建てられた。なされたことは取り返しがつかない。つまり、何かほかのことをしなければならないということだ。取り返しがないことは出発点なのである。その後で何をするか、今何をするかこそが問題なのだ。ポーランドのユダヤ人イザベルは、彼女の父親と母親を殺害したベルゲン・ベルゼンの殺人機構から、辛うじて最後の瞬間に救い出された。そしてその半生を、彼女自身が生きていけるためにそれをもはや語ることなく過ごし、残りの半生を、今日を生きる者たちに知らしめるためにそれを語って過ごした。取り返しのつかないことは語ることを禁じはしない。語りに異なる抑揚をつけるのだ。それはイメージを禁止しはしない。むしろイメージが揺れ動き、新たな可能性を模索するように強いるのだ。起きてしまったこととの取り返しのつかなさは、不在や沈黙に捧げられたモニュメントを築き上げるように強いることなどまったくない。不在や沈黙は、与えられた状況がどのようなものであれ、いずれにせよそこにある。問題は、今いる者たちが不在や沈黙をどうするのか、経験を収めている言葉、その記憶を留める事物、それを伝えるイメージをどうするのかなのだ。

イメージを糾弾する者たちは、いつも同じシーンを組み立てる。そこでは、人はイメージを前にして、すでにその策略に屈服し、受動的なまま立ちすくむものとされてしまう。イメージは現実と取り違えられる見せかけ《シミュラークル》であり、本物の神と取り違えられる偶像であり、自己が疎外されるスペクタクルであり、われわれが魂を売ってしまった商品である。要するに、イメージの糾弾者たちは人を馬鹿者扱いしているだけなのだ。この思い込みが、それを共有する者たちを自惚れさせている。われわれは知的である、なぜならほかの者たちは愚かだからだ、というわけである。エステル・シャレフ＝ゲルツは、真実はその反対であると知っている。つまり、人は自分以外の者たち――話しかける相手の者たちであり、話の話題になっている者たち――に認めている知性によってのみ、知的であるのだ。だからまず始めに、芝居の配置に異議を唱えなければならない。というのも、われわれがイメージを前にして無気力なまま立ちすくむというシナリオを押し付けるなら、相手はすでに勝ったも同然であるからだ。われわれはイメージの前にいるのではない。イメージがわれわれに囲まれているのと同じように、われわれはイメージに囲まれている。問題は、それらのイメージの間をどう動き回るかであり、それらのイメージをどう動き回らせるかなのである。アウシュヴィッツ以降イメージは不可能となった、あるいは禁じられたと宣言する者たちは、訓育する声の力をイメージの不敬虔さとまやかしに対立させている。しかし、この声の背後には常に命令する声がある。それは、いつ誰に向けて語らなければならないのか、あるいは口を噤まなければならないのかを知る声である。記憶の名においてイメージを追放することは、まずもって、黙らせたい、従わせたいという自己の欲望を表明することである。それは、イメージと記憶の双方が、何よりもまず作業であるということを、きちんと認識しないことなのだ。だからエステル・シャレフ＝ゲルツは、忠実なる声対偶像崇拝的イメージという、あまりに単純な対立を退ける。一方に言葉、他方にイメージがあるのではない。声は、常にものを見かつ目に見える身体によって、もうひとつのものを見かつ目に見える身体に向けられるのだ。そして声が途切れたり、声を出そうとしたり、あるいは声を聴こうとしたりする際の沈黙は、無知な者やただの見物人たちには手に入らない全能な思考が退くことなのではない。それどころか、沈黙は、ある感性的要素を別の感性的要素へ変換するという、困難な作業の証しなのである。エステル・シャレフ＝ゲルツの映画のなかでは、沈黙が真っ黒な広がりであることは決してない。それは常に起伏に富んだ風景なのだ。ドゥルーズなどに影響を与えた書物、『こんにちは、映画』のなかで、ジャン・エプスタンは、顔《ヴィザージュ》をくぼみや隆起、草木や流水でいっぱいの風景《ペイザージュ》へと変容させるクローズアップを称賛したのだった。エステル・シャレフ＝ゲルツのクローズアップは、顔／風景のこのような地勢図をより先鋭化し、観客にある種の不快感を覚えさせるまでになっている。機械の目の力を示し、個人のものであろうとする表情を事物のような没個性へと帰着させるために、他人の顔をそれが動物化してしまうほどの厚みや赤らみや体毛が見える形でわれわれに差し出すことには、何かうさんくさい美的態度があるのではないか。そしてまた、『ファースト・ジェネレーション』のショーケースのなかで、通り過ぎていく者たちに水族館の魚のように差し出されているこうした顔の断片をじっと見ることは、観客にとって何かみだらなことなのではあるまいか。しかし、このクローズアップを支えているのはまったく別の態度である。時に見開かれ、しばしばまばたきを繰り返す目、皮膚のしわや赤らみ、頬をつまむ手や唇をなぞる指のなかにあるのは、何よりもまず、身体のなかで働いている思考、何かを言おうとし、何かを理解しようとする思考であり、われわれ自身もまた、そのような思考によって少し回り道をして考え込むように強いられるのだ。

　再現＝表象された不在があるのでもなければ、現前するものの直接性〔無媒介性〕があるのでもない。われわれは何かの前にいるのでも、何かの代わりにいるのでもない。われわれは常に間にいるのだ。このことは二つの意味で聞き取られる必要がある。「間にいること」、それはある特定のタイプの共同体に属することである。この共同体は構築された一時的なものであって、共通の同一性〔身分〕によってではなく、可能な共有《パルタージュ》によって定められている。しかし、共有すべきものはそれ自体、ひとつの分割《パルタージュ》のなかにとらえられている。それ自体、二つの存在、二つの場、二つの行為の間を旅するのである。イメージと呼ぶことができるもの、それはまさしくこの移動の運動である。他所からやってくる者たちがいる。ほかの場所からくる者たち、あるいは今を生きる者たちが体験することのなかった過去からくる者たちだ。その他所とはアウシュヴィッツの地獄であるかもしれないし、血なまぐさい反革命のあったチリであるかもしれない。それはまた、ただ単に雪の降りつもるラップランドであるかもしれない。そして他所からくる者たちは語る。だが、自分たちが「あそこで」、つまり別の場所で別の時に体験したことを、ただ語るわけでは決してない。というのも、証言者の言葉に重きを置くこと、とりわけ苦痛の証言者の言葉に重きを置くことは、常に、「他者」にごく明確な地位〔場所〕を割り当てることであるからだ。それは、情報の特殊さとその媒介なしの感覚的内容を、判断と普遍という特権を有する者たちに伝達することだけに適した者の地位である。エステル・シャレフ＝ゲルツは過去あるいは他所の証言者たちを語らせるのではなく、今ここで作業する探究者たちを語らせる。つまり、彼女は他所からくる者たちに、現在についても過去についても、ここについてもあそこについても語らせているのである。彼女はこの者たちに、彼らがどのようにひとつの場ともうひとつの場、ひとつの時間ともうひとつの時間の関係を思考し、それを作り上げたのかを語らせているのだ。そして、彼女が構築する装置それ自体も、彼らの言葉を引き延ばし、それを彼らが発話し聴取する状況の再現＝表象に委ねる装置なのである。

『聞くことと語ることの間で』。エステル・シャレフ＝ゲルツは、このタイトルを少なくとも二度使っている。まずは、パリの市庁舎に展示された、収容所の生き残りたちの記憶を見せるためのインスタレーションである。語ることと聞くことの間にあるのはイメージである。しかし、イメージはただ単に可視的なものなのではない。それはこの可視的なものをとらえている装置なのである。ところで、この装置は可視的なものに二つの異なる役割を演じさせている。一方で、パリの展示の来場者たちは、彼らが自由に使えるモニター上で、生き残りたちの証言を収めたＤＶＤを見る。このとき、可視的なものは物語の伝達の役割を果たす。しかしまた、展示室の上方には三つの映像が映写されていて、ＤＶＤと同じであると同時に別のものを見せている。同じ証言者たちが、沈黙したまま、発言に先立つ集中あるいはためらいにとらえられている姿だ。この沈黙自体はいくつもの仕種――ため息、微笑み、眼差し、まばたき――で満たされていて、それが言葉をひとつの作業の産物として演出する。可視的なイメージはその時、茫然自失や偶像崇拝などではまったくなく、ひとつの物語の要素なのである。しかし、この物語はそれ自体、複数の領域の間の相互作用からなっている。語る言葉と情報を得ようとする耳の間で、イメージは表情のうえに注意深い思考の作業を読み取らせ、それが見る者に注意を要求する。イメージはある証言を伝達するための単なる手段なのではない。それは「ひとつの物語のポートレート」なのである。パリ郊外のオーベルヴィリエで行われた展示のために選ばれたこの表現は奇妙なものだ。実際、物語とポートレートという二つの単語の間にある隔たりは、ディセンサスと呼ぶことのできるもの、すなわち、感性的なものの様々な様態の衝突を特徴づけている。われわれに大量殺戮を語る作品は、えてして不在の公現や再現＝表象不可能なものの衝撃といったラベルを貼られがちだが、この衝突はわれわれをそうしたものから引き離すことである。物語のポートレートという表現を使うことは、この二つの単語をそれぞれの明白さらは遠ざける。ポートレートは現前の直接性〔無媒介性〕を指すのではなく、その直接性をひとつの物語の形に、つまりある種の仕方での行為〔筋〕の組み立ての形に引き延ばす。反対に、物語はありのまま与えられるのではなく、それを思考し、語り、あるいは聞き取る身体を通じてのみ見て取られる。あるのはただ思考する身体のみ、自分の経験とともに、あるいはほかの思考する身体が伝える経験とともに作業する、思考する身体のみである。

このように定められた平等〔同等性〕の形式は、大量殺戮を、そしてただそれだけを語るための特別な芸術装置があるという考えを拒絶する。語ることと聞くことの間に間隙を作り出す装置は、ひとつの世紀に起こった大事件や重大なトラウマの物語〔歴史〕だけに適しているわけではない。アウシュヴィッツの記憶に当てはまること、政治的抑圧のためやより良い生活を求めてチリやトルコ等々からスウェーデンにやってきた移民たちの記憶に当てはまることは、ラップ人アサのそれほど悲劇的ではない物語にも当てはまる。『聞くことと語ることの間で』は、市庁舎のインスタレーション以前に、二つの同一性、つまりサーミ語を話すトナカイ飼いの娘としての同一性とストックホルムに住む見事に同化したスウェーデン人としての同一性との間を行き来するアサの旅を語る、ビデオ装置のタイトルであった。そこではすべてがアサと彼女自身との間で演じられる。一方では、ストックホルムの簡素な室内で、どっしりと椅子に腰掛けたエネルギッシュな都会の女性が、雄弁な身振りを交えながら、自身の二重の文化的教養を主張している。もう一方では、ラップ地方で、同じアサの顔が前面に映し出され――その赤らんだ頬と背景の草木の繁茂が、彼女が正真正銘のラップ生まれであることを示すかのようだ――、自分自身の言葉を、意表をつかれ、集中している外国人のように聞いている。彼女の言葉自体、すでにひとつの聴取であることも思い起こしておかなければならない。というのも、彼女はただ自分の経験を語っているのではないからだ。彼女は、善良な未開人というステレオタイプや原始共産制の夢を人里離れたところに暮らす者たちに投影する

『ホワイト・アウト——聞くことと語ることの間で』，2002 年（ビデオ）

ことが習慣となっている旅行者たちの、発言集に反応して話しているのである。

この自己から自己への関係は、この装置のゼロ地点である。このことは注意して聞いてもらう必要がある。話すアサと聞くアサとの関係がわれわれに示しているのは、「二であることが原初的である」ということだ。ある者たちは、イメージの無差別で平等主義的な流通に、還元不可能な他者性を証言する顔の静止画を対立させる。だが、エステル・シャレフ゠ゲルツはこの顔を揺り動かす。それを自分自身に問いかけ、自分自身から隔たる状況に置くのだ。語る男あるいは女が自分の言うことを聞くというだけではない。その直接性においてさえ、顔は常に二重なのである。眼差しは見るものを反映し、唇をつまむことで思考が引き留められるのだ。この他者性の根源的な核を出発点にして、イメージの流通はより広い円をいくつも描きながら共同体を作り出す。ベルゲン・ベルゼンの死の収容所から数キロ離れたところにある、過去の痕跡の消え去ってしまったハノーファーで、二つの顔が関係づけられる。子供の頃にウッジの収容所を体験し、その後ベルゲン・ベルゼンへと行き着いたユダヤ人女性、イザベル・チョコが語り、両大戦間のドイツ左派の気風の持ち主である元女優、シャルロッテ・フックスがそれを聞いている。フックス自身も、ナチスの狂気によって打ち負かされてしまった進歩主義的なドイツを象徴する、オスカー・シュレンマーの謎めいた図像たちに覆われた壁の前で語る。時おり、聞き手の顔が――一方は注意を集中させるために緊張し、他方は大理石のように白い――語る者の顔を覆い隠しにくる。「あなたのイメージは私に関係があるか？〔私を見つめているか〕」、そうインスタレーションは問いかけている。ストックホルム近郊のボートシルカで行われた『ファースト・ジェネレーション』と題された展示では、円はさらに広がっている。それは、何人かの移民が、ここにきて何を失い何を得たのか、何を与え何を受け取ったのかという質問に答えたものだ。そして彼ら自身が自分たちの語ったことを聞き、彼らの顔、というよりもむしろ彼らが注意を注ぐことで伸びたりしわの寄ったりする風景の断片を、来場する者たちに差し出している。顔は、人が通り過ぎていく建物の外と語られたことの内容がわかるようになる建物の内の間にある。通り過ぎる者たちと入ってくる者たちの間、声と顔がそこに展示されている者たちと、眺めることから聞くことへ――そしておそらく新たに語り出すことへ――の道程を今度は自ら辿っていこうとする者たちの間で、いつもと同じ共同体が織り上げられる。それは、ここ

『あなたのイメージは私に関係があるか？』，2002 年（写真）

と他所の間、今と別の時の間、語ること、聞くこと、そして眺めることという、相補的で分離した身振りの間にいる者たちの共同体である。時代の風潮は、えてして異なる文化を配慮するようにわれわれを促し、芸術をそこに招き入れるための手段として見ようとする。しかし、差異を知り、尊重するのを学ぶことだけが問題であるのなら、事はたやすいだろう——そして芸術家にとってはたいしておもしろみ《アンテレッサン》のないものだろう。事はより重大で、そこでは反対に、今日の芸術の作業が直接関与して《アンテレッセ》いるのだ。重要なのは、似ているものと異なっているものの関係そのものを掘り下げ、どのようにして異なっているものが似ているものとなり、語ることと聞くことのための同じ能力を有するようになるのか、あるいは逆に、どのようにして同じものそれ自体が異なるものとなり、それ自体距離と間隙を取らざるをえなくなるのかを示すことなのだ。

MenschenDinge では、ゲームの規則は異なるが、究極的な原則は同一である。ここでは、かつてブーヘンヴァルトに収容されていた者たちが、収容所での生活の記憶を語るわけではない。語っている五人の人物は、美術館の職員やそこでの作業に参加している者たちである。われわれは彼らが語っているのを見るが、彼ら自身は自分が語っているのを聞いているのでもなければ、互いを聞き合っているのでもない。すべては、彼らの言葉と彼らが語る事物、彼らが机のうえで見せたり手に取ったりする事物との間で演じられる。まず事物が、間隙の力、流通と変容の力を取り戻す。これらの事物は、収容所の敷地を発掘して見つけだされたすべての遺物のなかから選び出された二、三十の物体である。つまり収容されていた者たちが所有していた物体である。いくつかのものには署

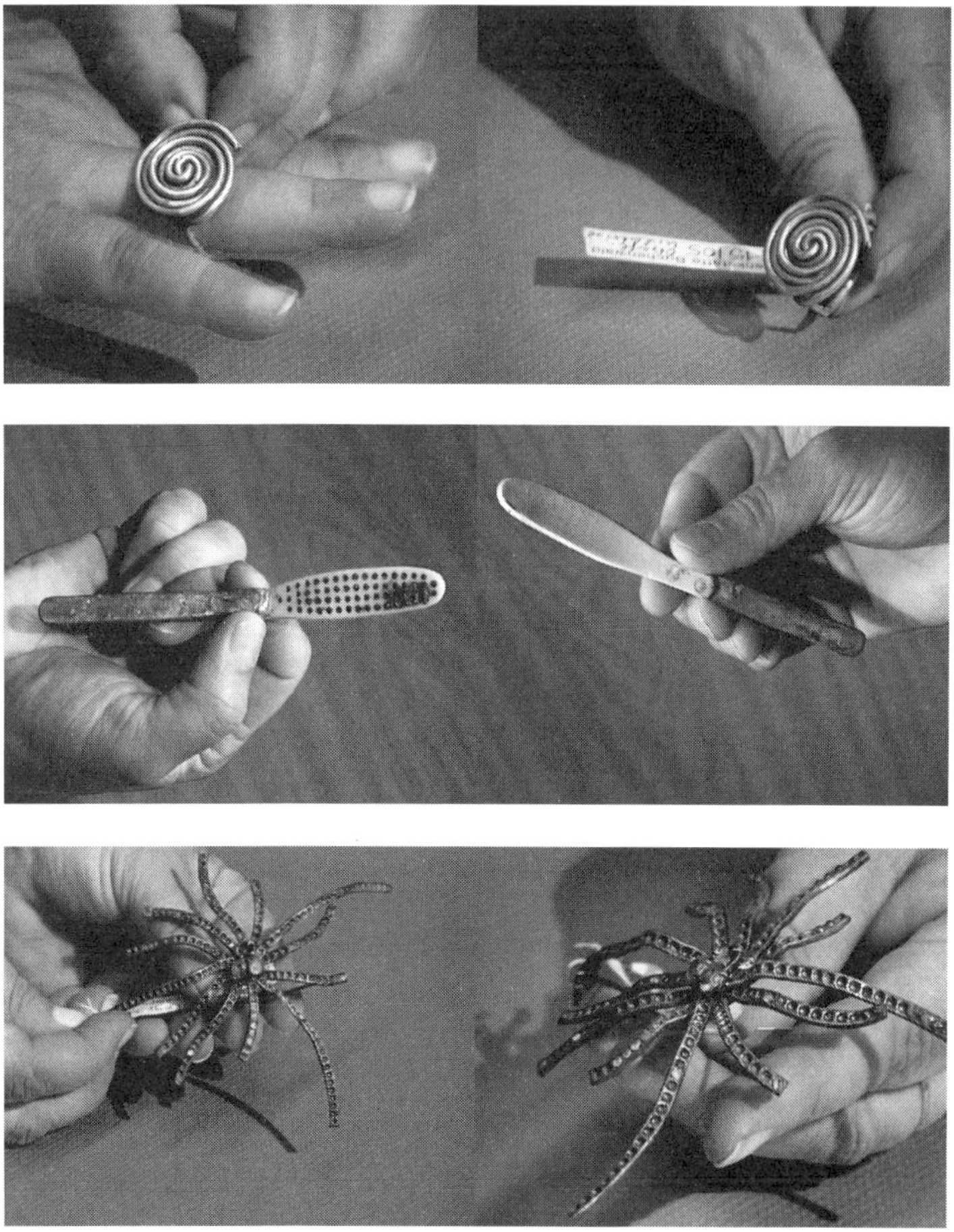

『メンシェンディンゲ／事物の人間的側面』（写真）

名や持ち主を示す印が入っている。しかしまた、それらは秘密裏に行われた作業によって取ってこられ、変形され、収容所の規律が定めている使用法から引き離された、特異な物体でもある。拾ってこられた針金は、ねじ曲げられて指輪となった。労働者の作業のための定規は、有り合わせの道具で丁寧に切り込みを入れられ、櫛に成り変わった。あるいはまた、定規の一片がナイフの取っ手に変えられた。水筒はへこまされ、皿や椀として使われた。一切れのアルミニウムは丁寧にたわめられ、鏡を作るのに用いられた。有り合わせの鉄製の取っ手が、壊れた歯ブラシにぴったりとはめられた。フランス軍の飯盒は、取り除かれた上部から煉瓦が入れ込まれ、取っ手が付けられることでアイロンとなった。蜘蛛の形をしたブローチにはガラス細工の断片がはめ込まれた。コップには彫り物が施された。ひとつにはロシア語で書き込みがなされ、「お前の椀を探しに行きな。俺のに触るんじゃないよ、ジプシー」と、所有権を表明している。もうひとつには、幸運の印である馬蹄、愛のシンボルである射抜かれたハート、自由のエンブレムである碇が刻み込まれている。監禁のための代表的な道具でありそのエンブレムである有刺鉄線さえ、本来の用途からは外れた使い方をされた。どこかから拾ってこられたコンセントに繋がれた銅線の周りに巻き付けられて、少量の水を温めることのできる電熱線となったのである。

時に人は山積みの靴を見せる写真を殺人機構の換喩にしようとしたものだが、われわれはそういったものからは遠く離れたところにいる。ここでは集団の苦痛や殺害を証拠立てることが問題なのではない。もちろん、たとえブーヘンヴァルトにガス室はなく、「最終解決」のために用意された場ではなかったとしても、そこがやはり死の収容所であったことを忘れるべきではないだろう。ブーヘンヴァルトおよびその管轄に属する収容所網では、五万六千人が死んだのである。しかし、ここでエステル・シャレフ＝ゲルツがわれわれに語っているのは、死者たちの記憶ではない。生者たちの記憶なのだ。語ることと聞くことの装置においてと同様、この記憶はひとつの作業を経由する。もの言わぬ物体たちを語らせる作業である。しかし、ここでひとつ区別をしておかなければならない。歴史家たちは、人間の生活の「もの言わぬ証言者」である物体を重要視し、そうした物体の持つ信憑性をわざとらしい言説の言葉に対立させることをわれわれに教えた。しかし、芸術家は戦略をひっくり返す。ここでは物体はなんらかの状況を証言するのではない。人々が体験したことについてではなく、人々が行ったことについてわれわれに教えるのである。つまりそれが証拠立てているのはひとつの能力であり、この能力は、ほかのインスタレーションで無名の者たちの入念に考えられた言葉や注意深い表情が証拠立てている能力と、正確に同じ部類のものなのだ。これらの物体を作った職人たちが示している器用さを見て、レヴィ＝ストロースが称賛したブリコラージュや、ミシェル・ド・セルトーが好んだ「行為＝制作技法《アート》」を思い起こす人もいるだろう。実際、エステル・シャレフ＝ゲルツがわれわれに語っているのは、これらの物体を作り出した者たちの能力である。しかし、これらの物体は無名の者たちの発明能力の結果であるばかりではない。それらはまた、人間性剝奪と殺人の機構を前に、この能力を実践的にも象徴的にも表明するものである。この意味で、櫛のブリコラージュは象眼を施されたブレスレットのブリコラージュと区別されず、有刺鉄線でできた電線のブリコラージュは鏡のブリコラージュと区別されない。一方に生活のための必要性があり、もう一方に単なる生物学的生命以上のものであることを表明するための装いへの配慮があるのではない。行為＝制作技法は、ひとつの存在様態の表明、あるいはもっとも厳密な意味での生活術《アート》〔生きる術〕の表明から、切り離せないのである。

だとすれば、歴史家のハリーが何か「センセーショナルな」ものをわれわれに示しながら興奮していることにも納得がいくだろう。それは壊れた歯ブラシなのだが、注意深い熟練した手によって、拾ってこられたアルミ製の柄がリベットではめ合わされ、修理されている。これを行った者は、翌朝死んでしまうということだってありえた。それでも彼は、きちんとした道具で歯を磨くことをなおも気にかけていたのだ。この技巧家《アーティスト》は、ロベール・アンテルム——彼自身、ブーヘンヴァルトを経由してガンダースハイムの工場に送り込まれたのだった——が『人類』のなかに凝縮した思考を、その仕事のなかで実践していると考えることもできるだろう。つまり、敵が肉体的な死と精神的な破壊を同時に計画した場合、両者を区別することはもはやできないということだ。生き続けるための手段を見つけることと、自分のイメージと関係を持つことの必要性を表明することは対なのである。だからこそ、鏡によって送り返される「光り輝く孤独の断片」と対面する時が来ると、人々は列をなして、敵が各人にとっても他のすべての者たちにとっても嫌悪感を催させるものにしようとした自分たちの顔を、なおも見ようとしていたのである(1)。確かに、自分の姿にたじろぎ、人間性剥奪の企ての効果が刻み込まれた顔をもう見ようとしない者たちもいた。しかしまた、留守の彼らに思いを馳せる者たち、彼らを家で待つ者たちが思い描いている姿でこの顔を見るという技法を実践する者たちもいた。あの間に合わせのアイロンに関して言えば、研究者たちは初めはそれに困惑したのだったが、ある書物のおかげで、ついにはその用法を理解するにいたった。それはもちろん縞の囚人服に上品な折り目を入れるためのものではなかった。それは疫病の原因となる寄生虫を殺すために用いられていたのである。生は決して「剝き出しの生」、つまり生物学的な必要性だけに還元されることはない。生は必要なものと装飾的なものとに分離されることもない。月だけの記された鉄製のカレンダーもまた、そのことを証言している。一日一日はどれも似通ったものかもしれない。しかし、それは時間を把握しようと気を配ることやそのために粋な書体を用いようと気にかけることを妨げはしないのだ。

物体は、だから作家と同じ仕方で語る。それは自らを生み出した技法を語る。生活術と不可分の、巧みな行為＝制作技法を語るのである。したがってその意味では、スプーンや櫛やアイロンを自分で使うために拵えた技巧家《アーティスト》と、収容所での生活の証言をわれわれに残すために自らのデッサン技術を用いた「本物の」芸術家《アーティスト》たち――そのデッサンがブーヘンヴァルトに保存されているポール・ゴヤール、一九四五年にアラゴンによってデッサンが出版され、二〇〇六年にはパリで展示も開かれ

（1） Robert Antelme, *L'Espèce humaine* [1947], Pairs Gallimard, 1957, p. 61.〔『人類』宇京頼三訳、未來社、一九九三年、六八頁〕

たボリス・タスリッツキー、クリストフ・コニェの映画がその仕事を蘇らせた、ヴァルター・シュピッツァー、レオン・ドゥラルブル、アンリ・ピック、カール・シュルツ、その他何人かの芸術家たち(2)——との間に断絶はない。彼らもまた、彼らの芸術に必要なものを秘密裏に調達しなければならなかった。工場の通達、使い古されたぼろ切れ、捨てられた封筒などを回収して紙として使ったり、あるいはレオン・ドゥラルブルが伝えているように、導管をシールしているアスベストのうえに巻かれた紙を使ったりしていたのだ。彼らは点呼場での陰鬱な集合や、「小収容区」での死を運命づけられた身体がすし詰めになっている様子、首つりになった者たち、火葬場へと運ばれる死体を載せた荷車、あるいは医務室〔Revier〕のなかで死に瀕した者たちを描いたが、しかしまた、ほかの場所でも描くことができたような、友人たちや初めて会った者たちのポートレートを描くことにも勤しんだ。ボリス・タスリッツキーが描いたポートレートがその例である。それらのポートレートは、思考や芸術を目に宿らせた知識人、ジャーナリスト、芸術家たちをわれわれに描いてみせているのであって、疲弊、空腹、そして病の烙印を押された被収容者たちを描いているのではないのである。

それゆえ、記念館の責任者たちが最初に抱えた問題はすぐに解決された。それは、こうした残骸、ボタンや硬貨、錆び付いた飯盒やスプーンのこうした寄せ集めを、収容所が閉鎖された際にこれらの物体すべてが投げ込まれたゴミ集積所から引っ張り出し、それらすべてを恭しく集め、そして展示しなければならないのか、という問題であった。確かに記念館はゴミ捨て場ではない。しかし、そうした物体はゴミなのではなく、行為＝制作技法および生活術によって作り出された制作物なのである。ただし、ひとたびこの問題が解決されても、今度は反対の問題が生じてくる。それは、死の収容所を「使って」、そしてそこで死んで行った者たちあるいはそこから生還した者たちの物語やその収容所からわれわれに残された痕跡を「使って」、今日芸術活動を行うことは正当であるのか、という問題である。芸術とはすなわち快楽のための技巧《アーティフィス》のことだ。そして快楽も技巧もここではしたないものとなるだろうと表明する声は数多くある。確かに、自分たちの描線や構成の技法を収容所のデッサンのために注いだ囚われの芸術家たちは讃えられている。人は、この芸術家たちが時に、拷問される身体の大量に肉の削げた様子と芸術的な形式の誕生そのものの間に密かな類縁関係を感じ取っていたことを、認めようとさえする。ダッハウでのムジチが、「山のうえの白い雪のプレート、そしてその銀色の輝きに似た、あるいはまた潟に下り立った白いカモメたちの飛翔する様に似た死体たちの広がりの、目を疑うほどの規模に目が眩んだ」ように、あるいはボリス・タスリツキーが、「小収容区」の地獄の、様々に移り変わる様相が見せる万華鏡に呆然としたように。しかし、ゴミ集積所から回収された被収容者たちの櫛や椀やスプーンを使って今日作品を作ろうとすることに関しては、人はそれほど簡単には容認しない。こうした物体を拾い集め、掃除し、整理保存し、展示する者たち、あるいはそうした物体の展示を企画する者たち自身、博物館の館長

(2) Christophe Cognet, *Quand nos yeux sont fermés. L'art clandestin à Buchenwald*, La Huit Production, 2005.

であるフォルクハルト・クニッゲと同様、エステル・シャレフ＝ゲルツのカメラの前でこう自問している。こうした物体の持つアウラそのもの、つまりベンヤミンの定義に従うなら、こうした物体が、まるで初めてのことであるかのように絶対的に遠くにあるものをわれわれに現前させる仕方は、それらを芸術の外に出しているのではないか。

この問いに対する返答は、実のところ、ある特異な弁証法に従って行われる。というのも、こうした物体を芸術から遠ざけておこうとすることは、それを聖遺物や呪物《フェティッシュ》、つまり、殺戮の企てとの関わりのなかで石化した聖なる物とすることであるからだ。そして商品とは常に呪物に類似したものである。こうした物体の存在が記憶の場に必要であるということになれば、それを持っていない者たちは買わなくてはならない。死者たちの錆び付いたスプーンもまた、価格のついた物体となるのだ。聖遺物と商品の間を揺れ動く物体という地位を免れさせるためには、こうした物体を解読可能なものとしなければならない。しかし、解読可能なものとすることは、ただ単に同定することではない。より正確に言えば、同定作業それ自体、芸術家の作業から切り離されないのだ。芸術家の作業とはつまり、探究と想像力の結合した作業であり、この作業は、所有権の表明された椀に書き込まれたロシア語の言葉が語るようにもすれば、この書き込みを行った者の署名でもありえるし、その事実上もしくは想像上の宛て先でもありえる「ジプシー」という語を、曖昧なままにもするのである。そして、二人の「所有者」の名前――生き延びたフランス人被収容者の名前と、東方からやってきてベルゲン・ベルゼンで亡くなったチェコ人被収容者の名前――が書かれたこの椀をめぐって、相似た運命の物語が描き出される。こうした物体を、単なる美的享楽や、取り返しのつかない犯罪の犠牲者に対する敬虔さに委ねるのを拒むことは、それを歴史家的な想像力に委ねることである。さらに、それを解読可能なものとすることは、それを流用し、飾り、それに署名をした者たちの行為＝制作技法および生活術の産物としてそれを見せることでもある。まずこの技法にこそオマージュを送るべきなのだ。そしてそれゆえにこそ、こうした物体をとりわけ今日のひとりの芸術家の手に委ねることは正当なのである。

「とりわけ」とは、これらの物体を作り出した者たち、今日それらを整理保存し、展示することに心を配る者たち、提示された寄せ集めに新たな眼差しを投げかけ、新たに耳を傾ける者たち、こうした様々な芸術家たちのなかの、ひとりの芸術家ということだ。しかしそれはまた、こうした芸術家のなかでも、その仕事のすべてが、物体、イメージ、そして声を孤独から引っ張り出し、それらを流通させることでそれらが秘めているポテンシャルを増加させることにある、ひとりの女性芸術家ということでもある。二なるものの法、すなわち間隙と位置移動の法が、ここでエステル・シャレフ＝ゲルツによって発明された装置を、彼女のそれ以前のインスタレーションにおいてと同じくらい厳密に支配している。それだからこそ、彼女は物体ではなくその複数化したイメージを展示しているのだ。物体のイメージは二五あり、そのそれぞれが二重のイメージとなっている。同じアイロンが内側と外側から見られ、同じ椀が二つの異なる角度から見られ、同じスリッパが表と裏から見られているのだ。ここでエステル・シャレフ＝ゲルツは、ロベール・ブレッソンが映画監督に下した「物事の側面をすべて見せるな」[3]という命令に、完全に背いているように見える。カメラがとらえる「自然の断片」を互いに隔てておくことと引き換えに、演出家は映画をひとつの言語にしようとする。エステル・シャレフ＝ゲルツもまた、イメージが言語の法、すなわち間隙の法に従うようにしている。だからこそ、彼女は常にひとつではなく二つのイメージを見せるのだ。しかしまた、彼女はブレッソンとは異なるやり方で芸術と言語の関係を理解してもいる。様々なイメージから別のイメージを作り出すように、何らかの素材――人間の言葉や生命のない物体など――から、そのなかですでに芸術であるもの、すでにひとつの探究の成果であるものを取り出すことで、ひとつの芸術から別の芸術を作り出すのである。側面ごとに物事を見せていく必要があるのは、「モンタージュ」が映画監督だけに固有の芸術〔技法〕ではないからである。物体の「二つの側面」を見せることとは、素材や物体をその決められた用途から引き離すために収容所の技巧家《アーティスト》がすでに用いていたモンタージュを、感じ取れるようにすることなのだ。毛布類からかすめ取られたスリッパとそのソールとして用いられている厚紙、錆びたスプーンとナイフに成り変わったその柄などといったモンタージュをである。しかし、それは単なる教化事業なのではない。このモンタージュを見せるのは、ひとつの物体、イメージ、言葉は常に運動していて、同時に過去と未来に向かうということ、つまりなされたひとつの発明と、その発明がそれらの物体やイメージや言葉を手にする者たち、そしてそれらのイメージを見る者たちに要求する新たな発明とに、同時に向かうということを示すためである。より正確に言えば、芸術のイメージ、つまり活動するイメージは、物体を再現する可視的な形式ではないということだ。イメージは常に二つの形式の間にある。それは二つの形式の間隙に生じる作業なのである。

イメージは決してひとつだけでは立ち行かない。物体も同様である。壁に掛けてある写真が見せているのは事物ではない。それが見せているのは事物の提示であり、事物を持ち、操る手である。エトルリアの墳墓から発掘された何か貴重な品であるかのように見える彫り物のされた椀や、ほとんど聖杯であるかのように手のひらに乗せられたもうひとつの椀の、一見したところ少々「芸術的」にすぎる輝きは、現在と過去の間、現在の注意深い身振りとかつての注意深い身振りの間に表明された関係の輝きである。この関係は、やはりいつものように、隔たりのなかで表明される。ここでは、金属的な光沢の輝きと指のごつごつとして赤みがかったつやのなさとの間に、この隔たりが感じ取られる。事物が語るのは、新たなモンタージュ、新たな思考の作業、身体が冒す新たな危険によってそれが示され、変容を被る限りにおいてである。展示室の中心にある馬蹄形のテーブルのうえに配置された五つのインタビューのビデオはこれらの手を語らせ、それらを事物を語らせる思考する身体にする。歴史家ハリーの手は、彼が手にしている長い間謎に包まれていた物体の脆さを身振りによって表現する。この物体は金属製の蝶番なのだが、身分証を携帯しておくための金属ケースの一部分が取れたものであることが分かったのだった。また別の場面では、手は活気づき、

（3） Robert Bresson, *Notes sur le cinématographe* [1975], Paris, Gallimard, « Folio », 1995, p. 104.

櫛の断片——それを製造することはサボタージュ行為にも等しかった——をわれわれの目の前で踊らせたり、壊れた歯ブラシにリベットで留められたアルミの柄がいかに「センセーショナル」であるかを示したりする。被収容者たちの技法《アート》と芸術家の芸術《アート》の間に、歴史家ないし考古学者の「実物教育」〔物の教え〕の技法《アート》がある。しかしこの実物教育は、自らその妥当性を疑うことをためらわない。物体を「語らせる」ための手の運動をひとしきり行った後で、歴史家は自問する。言葉と物を分けておく必要があったのではないか、物体の傍にはルーペを置くだけにして、説明は別の階に移しておく必要があったのではないか、と。

分離する理由があれば、必ず結びつけ直す理由もあるものだ。「ここには見るべきものはほとんどありません」と、発掘現場で考古学者ロナルドは語る。したがって、物体を解読可能にするためには、想像しなければならない。そして実際、二つの名前を冠した椀をいじくり回し、おそらく金属のうえに書き込まれた名前を通じて以外には出会うことのなかったこの二人の所有者をめぐる真実の物語を再構成することで彼が仕事場で行っているのは、まさしく想像なのである。「あまり芸術的すぎてはいけません」とクニッゲは言う。重要なのは、物体に対する敬虔な賛美をわき起こらせることではなく、われわれの現在をこのもうひとつの現在と繋ぎ合わせることで、第一の否定、つまり怠慢による否定と闘うことである。だから彼は手に物体を何も持たず、強制収容所の建物のなかで唯一残された旧機関室で語っているのである。結びつけることと結びを解くことは、相補的かつ相反する二つの作業であり、修復家ローズマリーと写真家ナオミの態度がそれらを端的に示している。「ここでは歴史に触れることができます」と、ラボのなかで物体を扱いながらローズマリーは言う。カメラはかなり長いこと、スプーンやスリッパや蜘蛛の形をした指輪などを作るために注ぎ込まれた技法をわれわれに示す彼女の手だけを見せ、その後で一瞬彼女の顔を見せると、すぐにまた櫛を見せることに集中していくので、われわれには彼女の言うことがいっそう本当に思えてくる。そして彼女の語ることは完全に、物体の整理保存が体現する芸術的作業の一部となっている。というのも、この作業は伝達のためのもうひとつの手続きを開始するものであるからだ。つまり、学校の生徒たちが作業しにくるのである。生徒たちは物体を掃除し、札を付け、それらの物体に関して明らかとなったすべてのことが記される台帳のうえにそれらを記述する。この台帳もまた、それなりの仕方でひとつの芸術作品である。それは升目状に区切られており、そのうえに、それぞれの物体が、どれも似たり寄ったりのペニヒ硬貨やありきたりのボタンにいたるまで、その大きさの表記とともに描かれている。自分で選び出した物体にこうした作業を行った生徒は、自分の名前を台帳に記すこと、つまりそこに記憶の芸術家として自らの署名を加えることさえできる。写真やビデオが台帳の頁の構成を見せて、われわれに感嘆の念を起こさせるのは、単にドキュメントとしてではない。個別になっていると同時に二重になっている写真の配置も、エステル・シャレフ゠ゲルツのインスタレーションが実践しているイメージと言葉の相互作用も、台帳が示すこの綿密な技法゠芸術と連続しているという印象をわれわれは受けるのだ。

しかしエステル・シャレフ゠ゲルツは、自分と同じイスラエル出身の写真家ナオミの答えのない問いかけも、まったく同様に自らのものとして引き受ける。実際、ナオミはイスラエルのヤド・ヴァシェムで、収容所に由来する物体を整理保存し、それらをブレッソン的な分離の原則に従って写真に収めることを始めたのだった。というのも、彼女はそれらの物体を、夜と霧の世界からも聖なる遺物の地位からも引き離そうとしたからである。それゆえ、彼女はそれらを、法定の証明写真のように、白い背景のうえにこれといった特徴のない仕方で写真に収めることを思いついたのだった。ビデオはこうして撮られた連作写真——壊れた眼鏡やひげ剃り用のブラシの写真——の前にいる彼女をわれわれに見せる。しかし、彼女は直ちに、こうした体に触れる物体をこのようなやり方で撮影することに対する困惑をわれわれに語る。彼女は言葉を使って語るわけだが、同時に彼女の手の身振りが、ブラシと髭の生えた皮膚との接触を奇妙な仕方で表現する。しかし、このような接近に続くのは、こうした物体にわれわれに対する距離や謎めいた性格を取り戻させようとする配慮である。これらの物体は、砂浜を歩くときにあたりを取り囲んでいる貝殻のようなものだ。それらは答えを出してはくれない。不可視のモニュメントにおいてと同様、答えはわれわれのうちにある。こうした物体とともにある仕方を発明しなければならない。そしてその仕方は、それらをわれわれの間に置き入れ、間隙がなす共同体を構築する仕方でもある。ブーヘンヴァルトの物体を語ることは、チリやトルコからストックホルムの場末への移住、セイロンやモーリタニアからパリの場末への移住を語るために必要なのと同じ技法＝芸術を要求する。問題は常に、物体とどう付き合うか、イメージや声とどう付き合うか、間に存在するということをどう扱うかなのである。ナオミは、こうした物体との関わりが、どのように彼女のうちに寛容の心を育んだのかをわれわれに説明する。このことを、単に芸術的な作業がもたらす道徳的な効用というような意味で理解してはならない。それはまさしく、芸術的な作業と道徳的効用とが切り離しえないものだからだ。芸術が世紀の残虐行為の記憶を、消し去りえない仕方で刻み込むことを望む者たちがいる。芸術が、現代の人間たちがそれぞれの文化の多様性のなかで理解し合えるようになるための、手助けをすることを望む者たちもいる。さらにまた、今日の芸術は、もはや愛好家のための作品ではなく、すべての者のために、新たな社会的関係の諸形式を作り出す――あるいは作り出すべきである――と説く者たちもいる。しかしながら、芸術の作業は同時代の者たちに過去の責任を負わせるためのものではないし、様々に異なる共同体の間により良い関係を構築するためのものでもない。芸術はこの責任あるいはこの構築の実践そのものなのである。芸術がこうしたものであるのは、それが物体やイメージ、抵抗や記憶を生み出す様々な種類の芸術＝技法を、それ固有の平等に従って取り入れる限りにおいてである。芸術が社会関係となって消えてしまうことはない。それは現実に共同体の諸形式を構築するのだ。物体とイメージ、イメージと声、顔と言葉の間の共同体、過去と現在、遠く離れた空間と展示場の間に様々な関係を織りなす共同体をである。こうした共同体が物事を集めるのは、分離することと引き換えにであり、近づけ合うのは隔たりを作り出すことと引き換えにである。しかし、分離すること、そして隔たりを作り出すことは、言葉、イメージ、そして事物をより広い共同体のなかに置き入れることでもある。それは互いを呼び合い応え合う、思考する行為と創造する行為、語る行為と聞く行為の共同体である。重要なのは、観客に善良な感情を植え付けることではなく、このような感性的共同体を創造する継続的なプロセスに参与するように観客を促すことである。それはすべての者が芸術家であると宣言することではない。芸術は常にそれが変容させる芸術を糧に生き、それが次に引き起こす芸術を糧に生きると示すことなのだ。

「隔てられ、われわれはともにある」。この言い回しは、「白い睡蓮」と題された散文詩のなかでマラルメが用いたものである。時にこの言い回しは、耽美主義者の洗練された感情を、同じように耽美主義者である者たちに向けて扱う作品の、凍るような孤独のなかに閉じ込められた芸術を言い表すものであると考えられている。反対に、エステル・シャレフ＝ゲルツのインスタレーションは、この言い回しが十全に適用されるのは、集団の歴史や悲劇の記憶を今日に蘇らせようと努める芸術の場合であるということを示している。芸術作品の孤独は、常にひとつの感性的共同体の構築である。そしてこの共同体は、より広い共同体の形態をいくつも作り出しながら、それ自体を越えて続いて行く。しかし、その逆のこともまた同じように言える。ともにあって、われわれは分離されている。同じひとつの息吹やヴィジョンによって統一された大共同体に同一化するような、生き生きとした芸術作品あるいは全体芸術作品などというものはない。ひとつの耳がひとつの声に、ひとつの眼差しがひとつのイメージに、ひとつの思考がひとつの物体に傾ける注意によって構築される共同体、語ることと聞くことが、互いの物語に注意を払いながら交差することによって構築される共同体、そして新たな発明がそのうちに眠る潜在能力を目覚めさせなければ、常に物体やイメージの陳腐さのなかに消え去ってしまいかねないような些細な発明を何度も繰り返すことによって構築される共同体だけが、唯一価値ある共同体なのだ。それは善良な感情の問題などではない。それは芸術の問題、すなわち、すべての者に備わっている行為＝制作し語る能力にひとつの特異な形式を与えるための作業と探究の問題なのである。

《エステル・シャレフ＝ゲルツ作品解説》

この作品解説は、*Esther Shalev-Gerz*（Jeu de Paume et Fage Éditions, 2010）に載録された作品解説を翻訳したものである。シャレフ＝ゲルツ氏本人の希望により、この作品解説を用いた。ただし、一部の作品に関しては、この書物に解説が存在しないため、シャレフ＝ゲルツ氏の公式サイト（http://www.shalev-gerz.net/）に記載のものを用いた。使用を許可してくれたシャレフ＝ゲルツ氏に感謝する。また、作品のイメージも、氏に提供していただいた。併せてお礼申し上げる次第である。（訳者）

1

『メンシェンディンゲ／事物の人間的側面』
MENSCHENDINGE/ L'ASPECT HUMAIN DES CHOSES

ブーヘンヴァルト記念館、ワイマール、ドイツ、
二〇〇四—〇六年
インスタレーション

構成：ベンチ一台（四五ｍ）、音声付きカラービデオ五つ（それぞれ二二分、一四分、二三分、一四分、一二分）。アルミのうえに張り合わされ、ディアセックによってマウントされたカラー写真二五枚（各四〇×一〇〇㎝）。

展示室に入ると、何もないという印象を受ける。不在はごくはっきりと感じ取られ、何かが欠如しているかのようだ。つまり、見せられているはずのも

『メンシェンディンゲ／事物の人間的側面』

のがそうなっていないのだ。フィルター付きフィルムの貼られた窓を通して、ブーヘンヴァルトの強制収容所の跡地が、弱められた光の中に見える。展示室には長さ四五メートルの蛇行した赤いベンチが置かれており、来場者はそこに座って、この「赤い糸」の両側に配置された五つのモニターのひとつを見るようにいざなわれる〔その後の展示では、写真に見られるように、円形のテーブルにモニターが配置されている〕。

「ブーヘンヴァルトの収容所跡地から発掘された物体を基にしたプロジェクトの創設の話を持ちかけられた時、私は直ちにこうした物体そのものを見せるのではなく、それらに職業的に関わっている人々がそれらを提示・紹介するのを撮影しようと決めました。私は被収容者たちによって作られた、あるいは流用された物体を選びました。彼らは自分たちに押し付けられた非人間的な環境に対する抵抗を証言しているのです。私は、歴史家、考古学者、女性修復家、記念館館長、そして女性写真家に、彼らがどのように作業しているのか、そしてこうした物体と彼らの職業的でも個人的でも想像的でもある関係がどのようなものなのかを語ってもらいました。彼らの感性的な知覚を通じてこそ——こうした知覚が、発掘、収集、保存、記述、デッサンといった行為や経験を媒介にして、物体に現在性を付与します——、物体は、モニター上で示されるイメージ、そしてまた写真の中で手に収められて見せられるイメージとなって現れるのです」。

観客はこれらの人物たちが話しているのを見ることもできるし、特別な電気音響技術によって流される彼らの言葉を、ワイヤレスのヘッドホンを使って聞くこともできる。所々に収容所に面した窓のある展示室の壁には、映画から抜き出された二五枚のスチール写真が掛かっている。それぞれの写真は、提示する者の手に握られた物体のひとつを、二つの異なる角度から見せている。これらの静止画は、身体と物体＝痕跡との出会いの二重のポートレートとなって現れる。

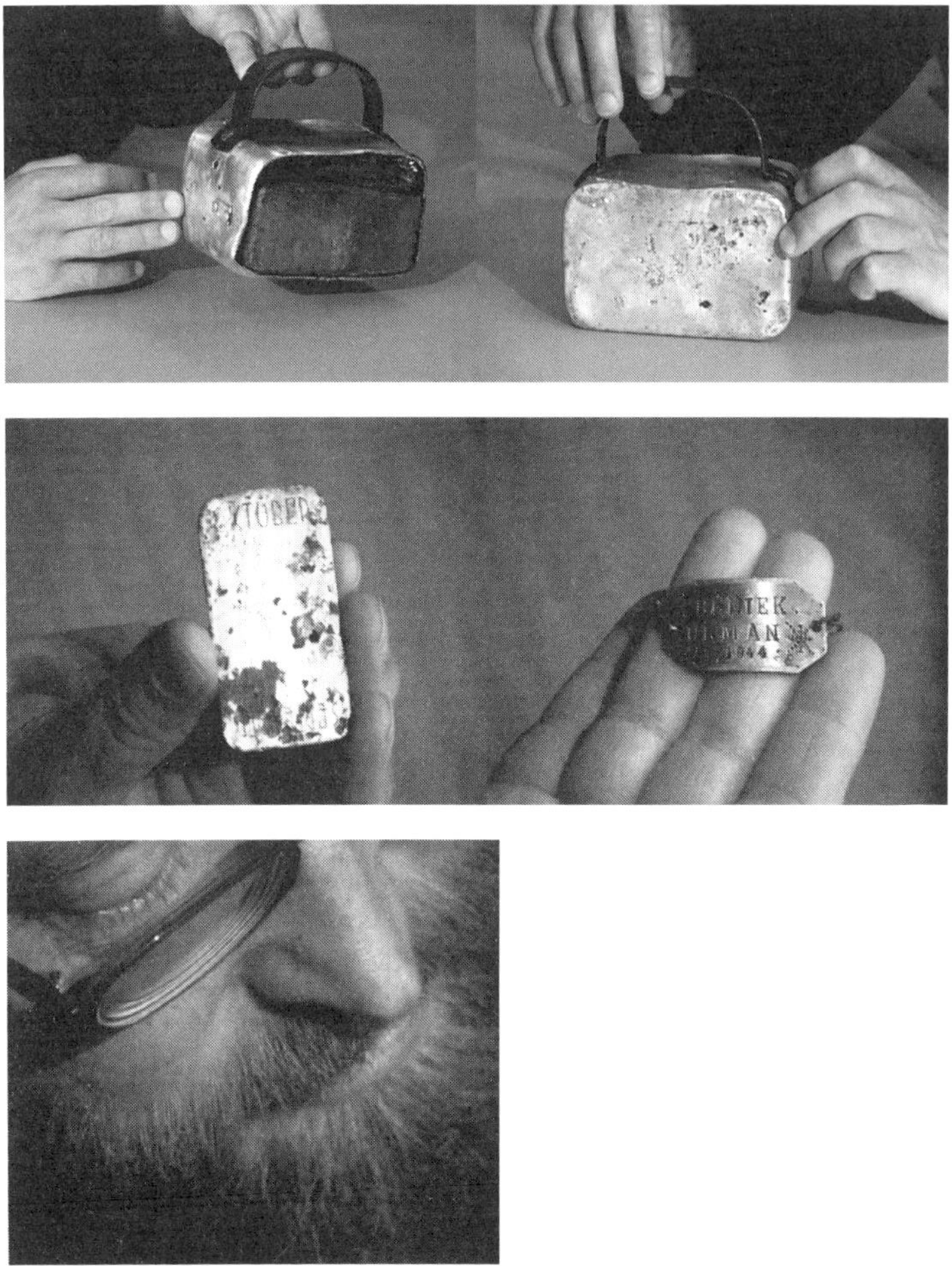

『メンシェンディンゲ／事物の人間的側面』（写真）

2

『ファシズムに対抗するモニュメント』
MONUMENT CONTRE LE FASCISME

ヨッヘン・ゲルツとの共作
ハンブルク／ハーブルク、ドイツ、一九八六—九三年

常設インスタレーション
構成：アルミ製の骨組みを持つ、鉛の薄板で覆われた柱（一二×一×一m）。テクストの書かれたパネル。重量七トン。

ネオ・ファシズムの台頭を背景にしてハンブルク市が発注した『ファシズムに対抗するモニュメント』の公開式が、一九八六年、ハンブルク－ハーブルグの人通りのきわめて多い広場で、ヨッヘン・ゲルツとエステル・シャレフ＝ゲルツによって執り行われた。このモニュメントは、鉛で覆われた一本の柱で、傍らに置かれたパネルには、七つの言語で次のテクストが書かれている。

「ハンブルク市民、そしてこの町を訪れたみなさん、あなた方の名前を、ここに書かれている私たちの名前に加えてください。それは、警戒すること、そしてまたそうし続けることを誓うためです。この高さ一二メートルの鉛製の柱は、署名によって覆われれば覆われるほど、より地中深くに入り込んでいきます。それはいつか完全に消え去り、ファシズムに対抗するこのモニュメントの広場は空になるでしょう。それは、不当な行為に抗して、いつかわたしたちの代わりに立ち上がるであろう者など、誰もいないからです」。

なにかを彫ったり刻み込んだり、金槌で打ったりすることで、そしてまた署名やメッセージ、あるいはコメントなどを残すことで、通行人たちはこのプロジェクトの原動力となる。手に届く範囲が書き込みで埋まると、モニュメントはその分だけ地中に埋まっていく。この埋設は八つの段階を経て行われ、一九九三年以降、広場の中心に見えているのは、柱の頭頂部とテクストの書かれたパネルだけである。

「石碑がまだ見えている間に、ドイツおよび世界の政治的状況は、ベルリンの壁の崩壊といった数々の

『ファシズムに対抗するモニュメント』

大きな変化に見舞われました。参加者たちは、それぞれが体験したこうした現状の痕跡を公共空間に残しました。その一方で、この行為は同時に彼ら自身の記憶のなかに書き込まれ、柱の漸進的な消失を引き起こしたのです」。

3

『ホワイト・アウト――聞くことと語ることの間で』
WHITE OUT – ENTRE L'ECOUTE ET LA PAROLE

スウェーデン国立歴史博物館、ストックホルム、スウェーデン、二〇〇二年

インスタレーション

構成：二つのシンクロした音声付きカラービデオ映写（四〇分）。ディアセックによってマウントされた写真七枚（各八〇×一二〇㎝）。アルミニウムのプレート上に張られた六つのテクスト（各一二〇×一五〇㎝）。

「「ホワイト・アウト」とは吹雪のなかを移動するときに感じられる、方向感覚の喪失を意味します」。

二つのビデオが、展示室を区切る、平行に向かい合わされた二つの両面スクリーンのうえに映写される。ひとつは都会のマンションのなかで撮影されたもので、ひとりの女性が語っているところを見せる。もうひとつでは、同じ人物が田舎にいて、イヤホンをつけてカメラを見つめている。観客は二つのスクリーンの間を移動することができ、ひとつの映像しか見ないようにすることもできるし、同時に二つが見えるような場所に身を置くこともできる。

「その一部がスウェーデンに暮らしているラップ人たちの言語であるサーミ語には「戦争」を言うための言葉がないことに私は気づきました。そして、スウェーデンはもう二〇〇年以上戦争に関わっていませんでした。この二つの事実に何らか関係があるのか、それがこの作品の出発点です。そこで私は二人のスウェーデン人研究者を雇い、サーミ人とスウェーデン人のアーカイブのなかに、この二つの民族の共通の利益となりえるようなものを探してもらいました。次いで、サーミ人でストックホルムに暮らす女性、アサ・シマにこのプロジェクトに参加しても

『ファシズムに対抗するモニュメント』

らいました。英語で話すと決めたのは彼女です。私は研究者たちが集めたテクストを彼女に読んで聞かせ、その後で彼女の反応を撮影しました。彼女の自宅でアサを撮影した後、私たちは彼女の故郷の村に赴き、そこで自分自身が語ったことを聞いている彼女のビデオを制作しました」。

展示室の壁には、大きな曇った写真がいくつも吊り下げられている。そこに写っているものを見分けることは難しい。漠然と判別されるのは、中央の通路とその両側に横向きに並んでいる、物体に覆われた大きな棚である。それは、ストックホルムにあるスウェーデン国立歴史博物館が所蔵している、二三〇〇万個の物体である。

「それと同時進行で、私は美術館の写真家に頼んで、博物館の歴史的所蔵品の保管場の写真を撮ってもらいました。私自身はそこに入る許可を得ることができなかったため、私は彼に撮ってもらいたい写真の構図をデッサンしたのです」。

4

『ファースト・ジェネレーション』

FIRST GENERATION / PREMIERE GENERATION

ボートシルカ多文化研究センター、フィッジヤ、スウェーデン、二〇〇四年

常設インスタレーション

構成：オーバーヘッドプロジェクター、カラー、無声（四〇分）。ループされるサウンドトラック（六〇分）

セカンド・ヴァージョン：コレクション MAC/VAL、ヴィトリ゠シュル゠セーヌ

構成：ディアセックによってマウントされたカラーのデジタル写真四三枚（各三二×四〇㎝）。大きさの様々に異なる切り取られた粘着するテクスト。

建物のガラス張りの外面に、人間の顔がアップで映し出され、その上をカメラがとてもゆっくりと移動する。顔の全体が見えるようになることは決してない。見られるのは常に断片であるが、至近距離か

『ホワイト・アウト——聞くことと語ることの間で』

ら撮られているために、皮膚や顔立ちのあらゆる細部を見ることができる。このインスタレーションは夜間にしか見えるようにはならない。

「これは、ボートシルカ多文化研究センターの公共空間のために構想された常設作品です。ボートシルカに暮らす、あらゆる国籍を持つ移民たちの第一世代に属する三五人の人物に、私は四つの質問をすることにしました。その質問は、「ここに居住するようになって何を失ったのか、何を見つけたのか、何を受け取ったのか、何を与えたのか」です」。

「そして私は、自分たち自身の回答を聞いている彼らを撮影しました。彼らはとても近く、あまりに近くから撮影されたので、顔を見分けることはできません」。

音はセンターの内部に入らなければ聞くことはできないが、映像の方は内でも外でも見ることができる。サウンドトラックと映像とはシンクロしていない。そして声は私的な考察や印象を伝達する。

「私は音と映像を切り離すことにしました。一方には参加者たちの言葉があり、彼らなりのやり方で、それぞれの個人的な経験に言及します。そしてもう一方にあるのは身体であり、物質的な外見です。観客はその双方を聞き取りまた見て取りますが、同時に、そこには常にずれがあるのです」。

「もうひとつのヴァージョンでは、壁に設置されたインスタレーションという形で、ビデオから抜き取られた四三のイメージとサウンドトラックから書き起こされたテクストを展示しました。一方はイメージからなり、他方はテクストからなる二つの雲が、一方から他方へと行き来したり、部分的に重なり合ったりするようにして、全体で一八メートルに及ぶ二つの領域が、断片化された視覚的散策を来場者に提供します」。

『ファースト・ジェネレーション』

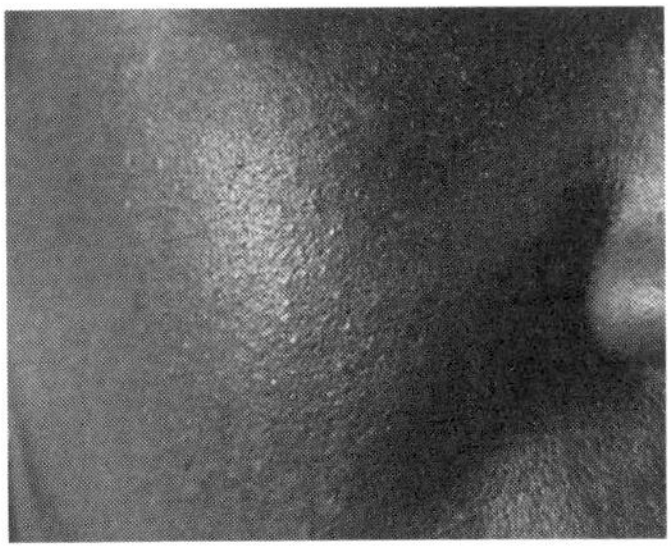

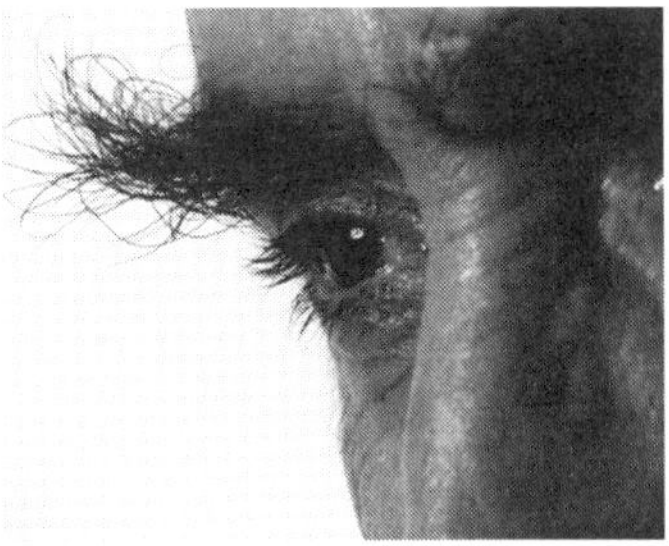

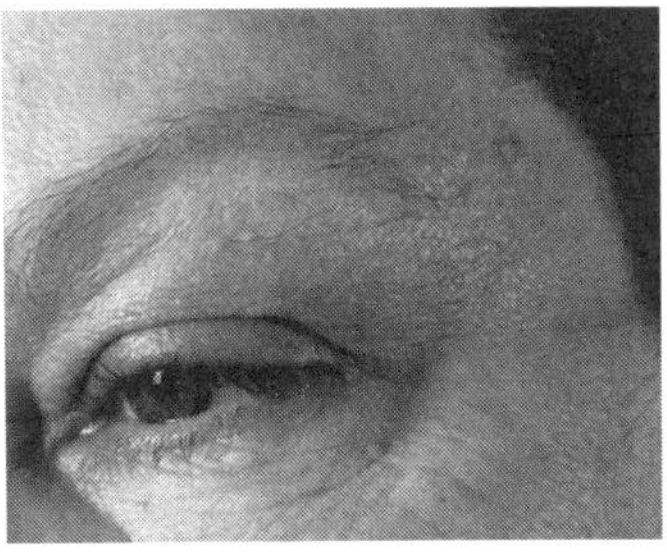

5

『聞くことと語ることの間で——最後の証言者たち、アウシュヴィッツ 1945–2005』

ENTRE L'ECOUTE ET LA PAROLE : DERNIERS TEMOINS, AUSCHWITZ 1945–2005

パリ市庁舎、パリ、フランス、二〇〇五年

インスタレーション

構成：テーブル四つ（一五ｍ）。長さの様々なビデオ映像を見せるＤＶＤプレーヤー六〇台。三幅対の無声カラービデオ映像ひとつ（四〇分）。

「アウシュヴィッツ＝ビルケナウ強制収容所の解放六〇周年に際して、ひとつの展示を考案するように招かれ、私はパリに暮らす六〇人の生き残りたちの証言を用いることにしました。彼らに要求されたのは、収容所での経験、それ以前と以後の生活、そして今日の生活を語ることです。それぞれのインタビューの記録は、全く編集されていません。実際、証言の長さは撮影の長さに一致します（二時間のものから九時間に及ぶものまであります）。私は証言者と観客が一対一となるような状況を作り出すことにしたのです」。

パリの市庁舎には、大ホールの縦方向の長さいっぱいに、四つの蛇行する赤いテーブルが平行に配置されている。それぞれのテーブルに、ＤＶＤプレーヤーとヘッドホンを備えた一五のモニターが五点形あるいは向かい合わせに置かれていて、来場者はそれを用いて、好きなように証言を閲覧できる。展示空間は無音で、照明に照らされている。展示室の奥には、三つの隣り合った大きなスクリーンがアーケードの間に吊り下げられていて、それぞれのスクリーンが同じビデオ映像を七秒ずつずらして見せる。それは顔をスローで写すモンタージュで、今度は言葉ではなく、言葉と言葉の間の瞬間をとらえている。つまり、言語の論理からは外れたもうひとつの映画的時空間、感覚可能で身体的な記憶の時空間を開く沈黙をとらえているのである。

「私は、証言者のポートレートを彼らの沈黙から作り出すために、記録から「間‐言〔inter-dits〕」を取り出しました。それは提出された質問と返答の間の

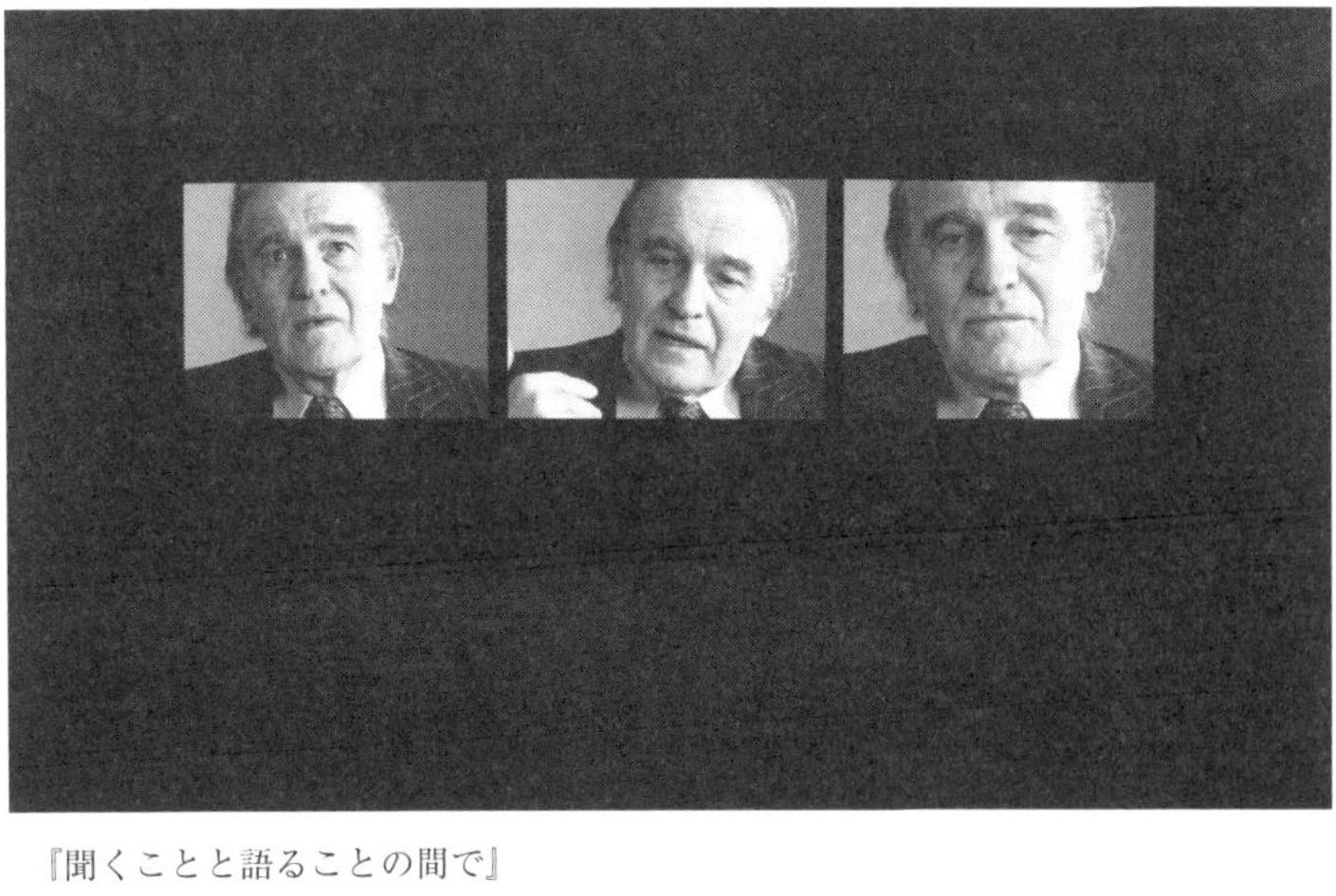

『聞くことと語ることの間で』

瞬間です」。
六〇人の証言はパリにあるショアー記念館で閲覧可能である。

6
『物語のポートレート』
LES PORTRAITS DES HISTOIRES

オーベルヴィリエ、ベルシュンス（以上フランス）、スコーグハル（スウェーデン）、サンドウェル（イギリス）、一九九八—二〇〇八年

インスタレーション

構成：四つのビデオ映写（それぞれ一二〇分、一六〇分、九〇分、一一〇分）。大きさの様々なカラー写真一八六枚。

今日に至るまで、エステル・シャレフ＝ゲルツは、『物語のポートレート』と題された四つのビデオと連作写真を制作した。一九九八年にフランス、パリ郊外のオーベルヴィリエとマルセイユのベルシュンス地区、ついで二〇〇〇年にスウェーデンのスコーグハル、そして二〇〇八年にイギリスのサンドウェルである。

その都度、シャレフ＝ゲルツは参加者たちに次の質問を投げかける。「今日どんな物語を語らなければならないのでしょうか」。さらに、彼女は参加者たちを促して、どのような場所でどのようなアングルから撮影されるのかを彼ら自身に決めさせ、彼女の眼差しがどのように向けられなければならないかを選んでもらう。それによって、ポートレートを描く者の眼差しとその対象との関係が転覆される。その時対象自身が自らの再現＝表象をコントロールするからである。

個人や集団の物語を築き上げることに対する声とイメージの関与を主題とした『物語のポートレート』は、相違するいくつもの物語が共存し、それらがひとつの場所についてなされる様々な解釈の形成に寄与する道のりを描き出す。思考と語り、声と聴取の間で、シャレフ＝ゲルツは、「どのような物語が聞かれるべきなのか」、「誰の物語なのか」、そして「そうした物語はどのように考察され、提示されなければ

『聞くことと語ることの間で』

『物語のポートレート』

ならないのか」といった問題に関する、多数派の思潮を問題にし直す。

二〇〇八年、一〇年にわたるこの仕事を記念し、それ以前の三つの章がデジタル化され、英語の字幕付きで再版された。サンドウェルで行われたシリーズの新しい章は、ハイビジョンで撮影された。現在までに、シャレフ＝ゲルツは二〇〇人の声を二〇〇通りのフレームで聞き、五時間以上のビデオ映像と、数百の写真イメージを制作した。さらに、ひとりの個人の協力と再現＝表象をどのように切り取り、どのようにほかの者たちのものと組み合わせたらよいのかを決めるために、彼女は参加者たちの証言を何度も繰り返し聞かなければならなかった。

7

『あなたのイメージは私に関係があるか？』

EST-CE QUE TON IMAGE ME REGARDE ?

シュプレンゲル美術館、ハノーファー、ドイツ、二〇〇二年

インスタレーション

構成：四つのビデオ映写（三八分）、ディアセック によってマウントされたカラー写真一一枚（そのうち八枚が四〇×九〇㎝、三枚が一〇〇×一〇〇×一五〇㎝、一枚がセリグラフィで七四×一〇〇㎝）。

二〇〇二年、ハノーファーのシュプレンゲル美術館はエステル・シャレフ＝ゲルツに制作委託をした。相違する様々な証言形式を検討し、作り上げ、統合するために、彼女は二人の女性に作業に加わってもらった。それは、異なるパースペクティヴに基づいて言い表された個人個人の様々な物語＝歴史および証言が、どのように共存するのかを明らかにするために、聞くことと語ることの間に広がる領域を探究する作業である。

シャレフ＝ゲルツは、まずひとりのドイツ人女性を撮影した。彼女は第二次大戦中、ベルゲン・ベルゼンからわずか四〇キロばかり離れたところにあるハノーファーで暮らしていた。次にシャレフ＝ゲルツが撮影したのは、ポーランド出身のユダヤ人女性である。彼女はベルゲン・ベルゼンに収容され、生

『あなたのイメージは私に関係があるか？』

き延びた。二人の女性は別々に、戦前、戦中、戦後の自分たちの生活を語る。それから、シャレフ゠ゲルツはこの二人の女性に、それぞれの自宅のテレビで彼女がそれまでに撮影したもの見せる。そして今度は、他者の物語の証人となるというこの経験が、シャレフ゠ゲルツのカメラによってとらえられる。

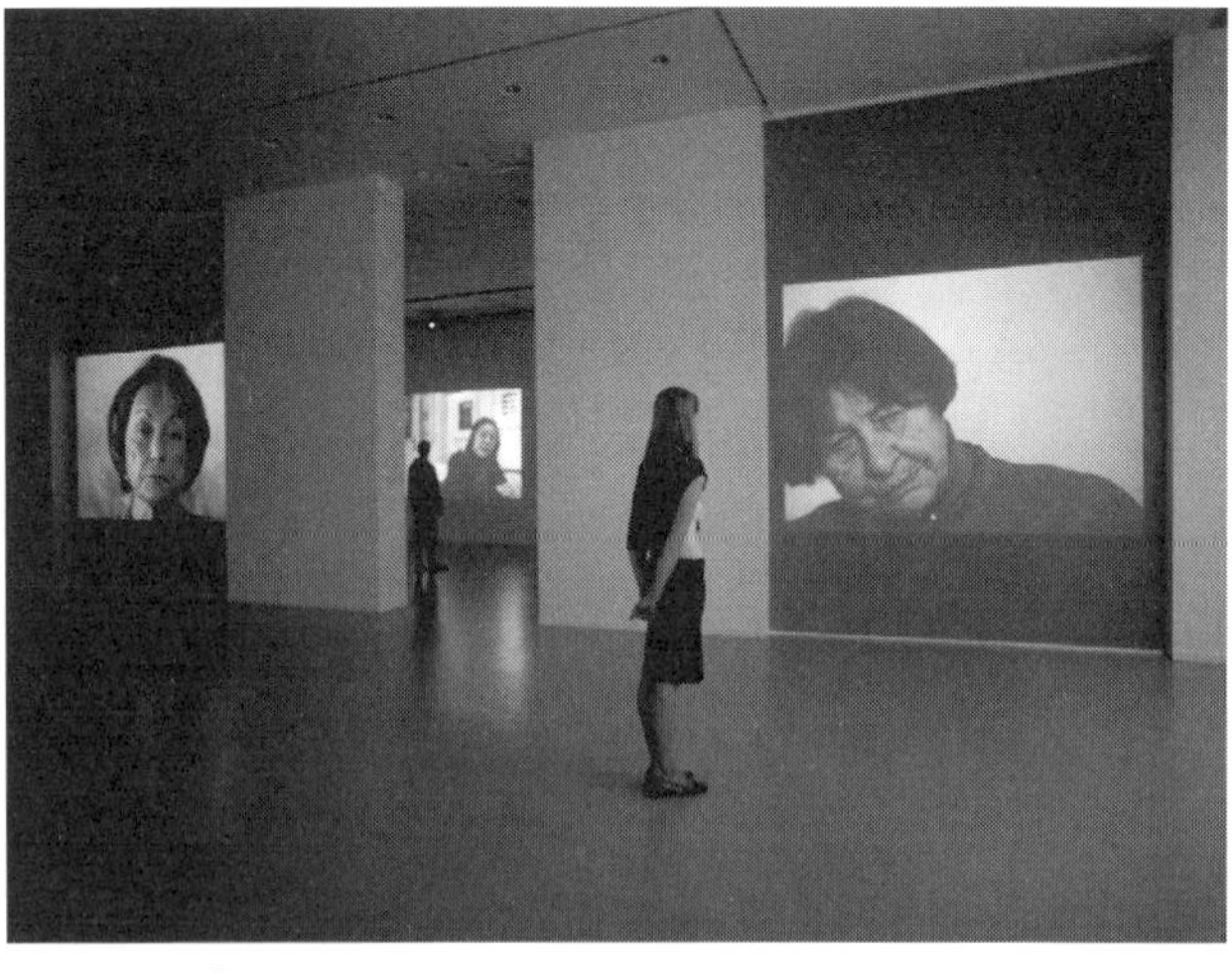

『あなたのイメージは私に関係があるか？』（展示室の光景）

〈訳者あとがき〉

平等な者たちの共同体、あるいは二であることの根源性

本書は Jacques Rancière, *Le spectateur émancipé*, La Fabrique Éditions, 2008 の全訳である。この書物は、ランシエールの一九八七年の著作、『無知な教師』（邦訳、法政大学出版局、二〇一一年）のなかで展開された解放する教育の思想を、観客の問題に応用するという体裁を取っている。解放する教育の根幹にある平等の思想を通じて、観客という地位に対する評価、芸術作品の受容やそれをめぐる理論的言説、そしてその政治的機能が、根本的に問い直されている。以下、二つの書物に共通する愚鈍化と解放の対立を、「一であること」と「二であること」の対立として考えてみたい。

愚鈍化する教師は、二つの質的に異なる知性から出発する。「無知が何に存しているのかを知る知性」と「それを知らない知性」（一四頁）である。したがって、ここでの二であることは、本当の意味での二を形成してはいない。二つの知性のうち一方は、ただ否定的にのみ規定されているからだ。一方には知と能力があり、他方にはそれが欠如しているとみなされているのである。そのと

き、愚鈍化する教師の仕事は、自らの知を生徒に伝達することによって、この隔たりを埋めることにある。つまり二であることは一であることに変えられなければならない。むしろ、二であることを構成する要素のひとつが否定的にのみ規定されたときから、すでに二であることの一であることへの還元は始まっていたと言うべきかもしれない。十全に存在するのは、ただひとつの知性、つまり、教師の知性でしかないからだ。

無知な教師もやはり二つの知性、教師の知性と生徒の知性から出発する。しかし、この二つの知性は平等であって、そこに質的な差異や序列があるわけではない。それは、誰に教えられることなく母国語を学んだように、すべてのことを学ぶことを可能にする知性である。無知な教師の仕事は、生徒がこの知性を行使し、彼がまだ知らないでいることを彼の知っていることと関係づけることで、それを自分で学んでいくように促すことである。生徒の意志が教師の意志に服従するときでも、彼の知性が教師の知性に服従することはない。生徒は教師の能力や知を学ばなければならないわけではないのだ。それゆえにまた、無知な教師は自分の知らないことを教えることができる。だから、生徒の知性は教師の知性へと変えられる必要はない。二であることは、ここでは二のままである。平等な知性が行う知的冒険の軌道が重なり合うことは決してないのだ。したがって、解放する教育における二なるものの肯定は、即座に無限に多なるものの肯定でもある。

二であることの一であることへの還元という図式が、本書のなかで検討されている批判的芸術や思考、あるいは芸術の様々な「メタ政治的戦略」を貫いている。実際、芸術作品およびその作者やパフォーマーと観客との関係、そしてその伝統的な理論的規定を、この図式に従って考えることができる。つまり、観客の側には常になんらかの能力の欠如、なんらかの知の欠如が前提とされており、芸術や理論的言説によってその欠如を埋めてやらなければならないと考えられているのだ。芸術は、愚鈍化する教師同様、二であることの一であることへの移行を媒介し、そうすることで自らを消し去らなければならない。しかしながら、このような自らを消し去る媒介が与える解放の約束は、際限なく先送りされ続ける。批判的言説は、二を一に還元することを目指すが、それが機能し続けるために、同時に還元すべき二を常に再生産しなければならないからだ。つまり、「無能な者たちを治療するために、無能な者たちを際限なく生み出し続ける必要があるのだ」(六一頁)。ここに、批判的言説の「二重の論法」(三八頁)がある。一方で、批判的言説は無知な者に知を伝達し、無能な者に能力を授けることをその目的とする。しかし他方で、それは無知な者がいつまでも無知なままであり、無能な者がいつまでも無能なままであることを示す。そのための最も有効な手段は、無知な者たちが獲得した知が新たな無知であり、無能な者が獲得した能力が新たな無能力であることを証明することだ。かくして、現実と仮象を見分ける知は、仮象と区別されるような現実などないということに対する無知として断罪され、スペクタクルの帝国に対する蜂起によって表明される能力は、その帝国と共犯関係にあるものとして、新たに無(能)力の烙印を押されることになる。

無能力から出発し、無能力の確認へと至るこの無能力の円環の、最後の輪あるいは回転とでも言うべきものが、再現＝表象不可能なものをめぐる倫理的言説であり、それに伴う証言のテーマの隆盛である。ここでは無能力の円環は、証言者と証言者に語ることを強いる他者との関係のなかで具現化される。証言者は、常に「語るべき出来事の許しがたさゆえに語ることの可能性を奪われてしまった誰か」（一一九頁）とみなされている。他者の声は、この無（能）力にもかかわらず、証言者に語ることを要求するのだが、それは証言者の無（能）力を能力へと変えるためでもなければ、彼が語らなければ「知られぬままとなってしまうであろう真理」（一一八頁）を明かさせるためでもなく、語るべき出来事の再現＝表象不可能性そのものを証言させるためである。証言の政治あるいは倫理の主唱者たちが強調しているように、証言は証言の不可能性の証言なのだ。こうして、ここでも無能力の円環が形作られることになる。それゆえにこそ、証言しようとすること、そして証言の能力のあらゆる表明は（たとえそれが、証言すべき出来事の全貌を見せるというような大それたものでないとしても）、この不可能性に対する不敬とされるのである。それが、アウシュヴィッツの四枚の写真が、再現＝表象不可能なものの倫理によって糾弾されている理由である。したがって、証言の特権化は、その意図や善意がいかなるものであれ、「「他者」にごく明確な地位〔場所〕を割り当てること」になってしまう危険がある。それは、「情報の特殊さとその媒介なしの感覚的内容を、判断と普遍という特権を有する者たちに伝達することだけに適した者の地位」（一八二頁）にほかならない。つまり、証言者をその無（能）力を告白するだけの地位に閉じ込めてしまうのである。

観客をめぐるこの無能力の円環を断ち切るためには、「われわれの寡頭的な社会の秩序と、その裏地をなす批判的と呼ばれている論理からすれば、確実に馬鹿げている仮定から出発」（六一頁）しなければならない。それは、解放する教師においてと同様、無能力からではなく能力から出発することであり、すべての者に平等な知性、平等な能力を認めることである。要するに、二を一にし、そしてまた一を二にする堂々巡りを捨て、二を二のまま維持しなければならない。この条件においてのみ、観客たちは平等な者たちの共同体を作り上げるのだ。

観客たちに共通の能力は、彼らがある集団の構成員であるという資格からくるのでもなければ、何か特別な形の双方向性からくるのでもない。それは、各々が各々のやり方で自分の感じ取るものを翻訳し、それを特異な知的冒険に結びつける、誰もが持っている能力である。この知的冒険は、それが他のどんな知的冒険とも似通っていないかぎりで、各々を他のあらゆる者と同類にする。知性の平等に基づくこの共通の能力が個人たちを結びつけ、彼らが互いの知的冒険を交換し合うようにするのである。しかし、それはこの能力が、自分自身の道を進んでいくための誰でもが持つ能力を等しく用いることのできる個人たちを、互いに隔てておく限りにおいてである。（一二一―一二三頁）

平等な者たちの共同体は、何か特定の固有性のもとに個人をひとつにまとめあげたりはしない。彼らは確かにひとつの能力を共有しているのだが、その能力それ自体、ひとつの分割を生じさせる能力、二であることの能力なのである。それは個人を自分自身から隔たらせたり、事物をその既定の使用から引き離したりする能力であり、二つの身分＝同一性、二つの場、二つの役割の間を行き来する能力である。それによって、観客と芸術家、役者、あるいはパフォーマーとの間にある、受動性と能動性の境界は攪乱され、その間に新たな共有の可能性が開かれる。すべての個人は、自分あるいは他人が行うパフォーマンスの観客であり、そのパフォーマンスを用いて新たな「詩」、新たなパフォーマンスを作り出す、「能動的な解釈者」でもある（一八頁）。「すべての観客はすでに自分が見ている物語の役者であり、すべての役者、すべての活動的人間は、自らが演じる物語の観客なのである」（二四頁）。彼は自分あるいは他人の知的冒険のパフォーマンスを翻訳し、他人たちに伝達する。そして他人たちはこの翻訳を翻訳し返し、自らの知的冒険を構築する。そこには、ひとつの知性のもうひとつの知性に対するいかなる従属もありはしない。それゆえ、「解放された共同体は、語り部と翻訳家の共同体なのである」（二九頁）。二であることを原理とする能力の共有がこの共同体を作り上げている限り、二であることは決して一へと還元されることはない。むしろ、二であることは支配的な解釈の体制やコンセンサスが押し付ける一なるものを引き裂きながら無数に増加し、潜在的には無限に多なるものの共同体を描き出すのである。

エステル・シャレフ＝ゲルツの作品についてランシエールが論じたテクストを本書の補遺として収録したのは、まさにこの二であることの根源性を、残念ながら日本でまだあまり知られていないこの芸術家が、範例的な仕方で作品化しているように思われたからだ。シャレフ＝ゲルツは、個人を「自分自身に問いかけ、自分自身から隔たる状況に置く」（一八五頁）ことで、思考における二であることの根源性を浮き立たせる。それは単に自分が話すのを聞くということだけではない。「聞くことと語ること」の分割＝共有は、例えば、スウェーデン人としての同一性とラップ人としての同一性の間を行き来するアサの「二である」様態でもある。そして彼女自身のパフォーマンスも、すでに他人たちが語ったことの翻訳なのだ。『メンシェンディンゲ』もまた、二であることの共同体を作り上げる。そこでもやはり、共有されているのはひとつの能力である。写真に収められ、ビデオのなかで見せられる物体たちは、ひとつの状況を証言しているのではなく、それらを作り出した技法、それらを作り出した者たちの能力を証言する。それは、物体をその定められた用途とは別のものに作りかえる能力であり、収容所が強いる非人間的な生とは別の生を生きる能力でもある。ブーヘンヴァルト記念館での作業に携わる者たちは、同じ技法、同じ能力を用いて、これらの物体に、それらが単なる物としてそうである以上のことを語らせる。それらが証言している、それらを作り出した者たちの能力と技法を見えるようにするのである。そしてこの能力の円環に、さらにシャレフ＝ゲルツが作り出す円環が加わる。彼女はこれらの物体のなかにある、そしてこれらの物体に関わる者たちの作業のなかにある芸術＝技法を翻訳することで、新たな芸術を作り出しているのだ。こうして、シャレフ＝ゲルツは再現＝表象不可能なものの問いから逃れ去る。彼女は再現＝表象不可能なものという乗り越えることのできない無能力を中心に据えはしない。一度この前提を受け入れてしまったら、証言不可能なものの証言という帰結しか残されていないからだ。だからといって、彼女はこうした物体が、収容所の出来事を再現＝表象できると主張するのでもない。彼女はこれらの物体を通じて、過去の状況を見せようとするのではなく、それらの物体を作り出した者たちの能力と、今日それを解読する者たちの能力を通い合わせる。そうすることで、記憶の問題の焦点をずらすのだ。問題は過去の出来事をただ記憶することなのではないし、そのためにイメージを用いてもよいのかどうかなのでもない。それは、収容所が課す人間性剝奪の状況に抗してこれらの物体を作り出した者たちが示している能力に、それと同じ能力を用いて応答することであり、その能力を用いて今ここで何をするかなのだ。この能力だけが、怠慢による否定や忘却に、今ここにおいて抵抗することを可能にする。それが、『ファシズムに対抗するモニュメント』が独自のやり方で示していることである。それは何かを再現＝表象しようとしているのでもなければ、再現＝表象不可能なものを自ら消えさることで否定的に示唆しているのでもない。この不可視のモニュメントは、われわれひとりひとりの意志と能力の表明なのである。シャレフ＝ゲルツの作品は、無能力の円環を断ち切り、能力の円環によって置き換える。そしてそのためには、われわれの知性が平等であるという前提と、われわれの能力に対する信頼から出発しなければならないのである。

二〇〇九年、フランス、パリのジュ・ドゥ・ポム美術館で開かれたエステル・シャレフ＝ゲルツの展覧会には、この機会のために特別に制作されたひとつの作品が展示されていた。それは、壁に二つの映像が並んで映写されているもので、時にひとりの若い女性が、様々な外国語を習得することに彼女が傾けている情熱を語っているのが映し出され、時にジャック・ランシエールが、本書『解放された観客』の抜粋（本書の二二一頁から三〇頁に当たる部分）を、自ら読み上げている姿が映し出される。二人の人物と並んで、あるいは時にその背景として提示されるのは、パリのセガン島とカナダのコルテス島の風景である。これら四つの要素は、一見何の関係もないように見えるが、シャレフ＝ゲルツ本人が述べているように、「物理的あるいは精神的な境界の撹乱によって、形状＝構成の深い変容を経験した、あるいは被ったという共通の特徴を提示する」[1]ものである。こうして、ランシエールの思想の出発点とも言える、労働者の文通の閲覧のエピソードが、様々な言語とそれに対応する文化を吸収し横断する、パリに暮らすレバノン出身の女性の物語と通じ合い、そしてまた二つの島の風景の変容のプロセスと通じ合う。この作品には *D'eux* というタイトルが付けられている。この表現は、それ自体すでに、「彼ら〔それら〕について」、「彼ら〔それら〕から」など複数の意味を持つ。そしてそこにはまた、フランス語で「二」を意味する単語 deux が聞き取られる。二人の人物は、それぞれの特異な知的冒険の物語を語っているにもかかわらず、あるいはむしろそうであるがゆえに、境界をずらし、感性的なものの分割＝共有を再編成する能力を共有する。それぞれがすでに、それぞれの仕方で二であることを実践しているからだ。レバノンの若い女性は、諸言語とその文化に対する自らの情熱を、キリスト教マロン派の父とイスラム教ドルーズ派の母を持つという、自らの出自を印づけている分割＝共有に結びつける。そしてランシエールが語っているのは、彼の読んだ二人の労働者の文通が、どのように労働者をその同一性に閉じ込める感性的なも

（1） *Esther Shalev-Gerz*, Jeu de Paume et Fage Éditions, 2010, p. 116.

のの分割＝共有を再編成しているのか、そしてまた彼らと同じ知性を用いて、ランシエールがどのようにしてこの労働者たちの知的冒険を自らの知的冒険のなかで翻訳したのかである。こうして、二であることの共同体が、新たな二であることの共同体を作り出す。それぞれの知的冒険の軌跡は特異で孤独なものである。しかし、その孤独さにおいて、知的冒険は通じ合うのだ。ランシエールが引用しているマラルメの詩の一節、「隔てられ、われわれはともにある」は、二であることの本質を見事に言い表している。それは、「ひとつの耳がひとつの声に、ひとつの眼差しがひとつのイメージに、ひとつの思考がひとつの物体に傾ける注意によって構築される共同体、語ることと聞くことが、互いの物語に注意を払いながら交差することによって構築される共同体、そして新たな発明がそのうちに眠る潜在能力を目覚めさせなければ、常に物体やイメージの陳腐さのなかに消え去ってしまいかねないような些細な発明を何度も繰り返すことによって構築される共同体」（二〇四―二〇五頁）なのである。

＊

この翻訳もまた、それなりのやり方で二であることの実践であった。本書の著者であるランシエールの固有語法を、私は彼と同じ知性を持つ者として翻訳しようとした。そして私の翻訳は、法政大学出版局の編集者である郷間雅俊氏によって注意深く読まれ、時に翻訳し返された。この翻訳の仕返しはそれ自体、彼とランシエールの書物との間に開かれた知的冒険を前提としていた。この書物の周りには、すでにいくつもの能力の円環が描かれている。この翻訳が、読者ひとりひとりの知的冒険のなかで新たに翻訳し直され、その周りに平等な者たちの共同体が幾重にも作り出されることを願うばかりである。

二〇一三年十月十一日

梶田　裕

《叢書・ウニベルシタス　999》
解放された観客
2013年 11 月　8 日　　初版第 1 刷発行
2018年　5 月 17 日　新装版第 1 刷発行
2023年　2 月 15 日　　　　第 2 刷発行

ジャック・ランシエール
梶田裕 訳
発行所　一般財団法人　法政大学出版局
〒102-0071 東京都千代田区富士見 2-17-1
電話 03(5214)5540 振替 00160-6-95814
組版: HUP　印刷: 平文社　製本: 誠製本

Printed in Japan

ISBN978-4-588-14050-1

著　者

ジャック・ランシエール（Jacques Rancière）

1940年，アルジェに生まれる．パリ第8大学哲学科名誉教授．1965年，師のL.アルチュセールによる編著『資本論を読む』に参加するが，やがて決別．1975年から85年まで，J.ボレイユ，A.ファルジュ，G.フレスらとともに，雑誌『論理的叛乱』を牽引．現在に至るまで，労働者の解放や知性の平等を主題に，政治と芸術をめぐる独自の哲学を展開している．著書に，『プロレタリアたちの夜』『無言の言葉』『文学の政治』ほか多数．邦訳に，『不和あるいは了解なき了解』『民主主義への憎悪』（インスクリプト），『感性的なもののパルタージュ』『無知な教師』（法政大学出版局），『イメージの運命』（平凡社），『アルチュセールの教え』（航思社），『言葉の肉』（せりか書房）ほか．

訳　者

梶田 裕（かじた・ゆう）

1978年生まれ．早稲田大学大学院文学研究科フランス文学専攻博士課程単位取得満期退学．文学博士．早稲田大学等非常勤講師．専門はフランス現代詩および哲学．主な論文に *La poésie comme pensée matérialiste de l'événement: Francis Ponge et Henri Michaux*（博士論文，早稲田大学），「差延と平等――他者の倫理か，それとも平等な者たちの共同体か」（『現代思想 デリダ』2015年2月臨時増刊号），共著に『声と文学――拡張する身体の誘惑』（平凡社），訳書にデリダ『シニェポンジュ』，ランシエール『感性的なもののパルタージュ』『無知な教師』（以上，法政大学出版局）がある．

―――― 叢書・ウニベルシタスより ――――

（表示価格は税別です）

994　文学的自叙伝　文学者としての我が人生と意見の伝記的素描
S. T. コウルリッジ／東京コウルリッジ研究会訳　9000円

995　道徳から応用倫理へ　公正の探求２
P. リクール／久米博・越門勝彦訳　3500円

996　限界の試練　デリダ、アンリ、レヴィナスと現象学
F.-D. セバー／合田正人訳　4700円

997　導きとしてのユダヤ哲学
H. パトナム／佐藤貴史訳　2500円

998　複数的人間　行為のさまざまな原動力
B. ライール／鈴木智之訳　4600円

999　解放された観客
J. ランシエール／梶田裕訳　2600円

1000　エクリチュールと差異〈新訳〉
J. デリダ／合田正人・谷口博史訳　5600円

1001　なぜ哲学するのか？
J.-F. リオタール／松葉祥一訳　2000円

1002　自然美学
M. ゼール／加藤泰史・平山敬二監訳　5000円

1003　翻訳の時代　ベンヤミン『翻訳者の使命』註解
A. ベルマン／岸正樹訳　3500円

1004　世界リスク社会
B. ベック／山本啓訳　3600円

1005　ティリッヒとフランクフルト学派
深井智朗監修　3500円

1006　加入礼・儀式・秘密結社
M. エリアーデ／前野佳彦訳　4800円

1007　悪についての試論
J. ナベール／杉村靖彦訳　3200円

叢書・ウニベルシタスより
(表示価格は税別です)

叢書・ウニベルシタスより

(表示価格は税別です)

1022 イメージとしての女性
S. ボーヴェンシェン／渡邉洋子・田邊玲子訳 4800円

1023 思想のグローバル・ヒストリー
D. アーミテイジ／平田・山田・細川・岡本訳 4600円

1024 人間の尊厳と人格の自律 生命科学と民主主義的価値
M. クヴァンテ／加藤泰史監訳 3600円

1025 見えないこと 相互主体性理論の諸段階について
A. ホネット／宮本真也・日暮雅夫・水上英徳訳 2800円

1026 市民の共同体 国民という近代的概念について
D. シュナペール／中嶋洋平訳 3500円

1027 目に見えるものの署名 ジェイムソン映画論
F. ジェイムソン／椎名美智・武田ちあき・末廣幹訳 5500円

1028 無神論
A. コジェーヴ／今村真介訳 3600円

1029 都市と人間
L. シュトラウス／石崎・飯島・小高・近藤・佐々木訳 4400円

1030 世界戦争
M. セール／秋枝茂夫訳 2800円

1031 中欧の詩学 歴史の困難
J. クロウトヴォル／石川達夫訳 3000円

1032 フランスという坩堝 一九世紀から二〇世紀の移民史
G. ノワリエル／大中一彌・川﨑亜紀子・太田悠介訳 4800円

1033 技術の道徳化 事物の道徳性を理解し設計する
P.-P. フェルベーク／鈴木 俊洋訳 3200円

1034 他者のための一者 レヴィナスと意義
D. フランク／米虫正巳・服部敬弘訳 4800円

1035 ライプニッツのデカルト批判 下
Y. ベラヴァル／岡部英男・伊豆藏好美訳 4000円

叢書・ウニベルシタスより
(表示価格は税別です)

1050 カンギレムと経験の統一性
X. ロート/田中祐理子訳 4200円

1051 メディアの歴史 ビッグバンからインターネットまで
J. ヘーリッシュ/川島建太郎・津崎正行・林志津江訳 4800円

1052 二人称的観点の倫理学 道徳・尊敬・責任
S. ダーウォル/寺田俊郎・会澤久仁子訳 4600円

1053 シンボルの理論
N. エリアス/大平章訳 4200円

1054 歴史学の最前線
小田中直樹編訳 3700円

1055 我々みんなが科学の専門家なのか?
H. コリンズ/鈴木俊洋訳 2800円

1056 私たちのなかの私 承認論研究
A. ホネット/日暮・三崎・出口・庄司・宮本訳 4200円

1057 美学講義
G. W. F. ヘーゲル/寄川条路監訳 4600円

1058 自己意識と他性 現象学的探究
D. ザハヴィ/中村拓也訳 4700円

1059 ハイデガー『存在と時間』を読む
S. クリッチリー, R. シュールマン/串田純一訳 4000円

1060 カントの自由論
H. E. アリソン/城戸淳訳 6500円

1061 反教養の理論 大学改革の錯誤
K. P. リースマン/斎藤成夫・齋藤直樹訳 2800円

1062 ラディカル無神論 デリダと生の時間
M. ヘグルンド/吉松覚・島田貴史・松田智裕訳 5500円

1063 ベルクソニズム〈新訳〉
G. ドゥルーズ/檜垣立哉・小林卓也訳 2100円

叢書・ウニベルシタスより

（表示価格は税別です）

1064 ヘーゲルとハイチ　普遍史の可能性にむけて
S. バック＝モース／岩崎稔・高橋明史訳　3600円

1065 映画と経験　クラカウアー、ベンヤミン、アドルノ
M. B. ハンセン／竹峰義和・滝浪佑紀訳　6800円

1066 図像の哲学　いかにイメージは意味をつくるか
G. ベーム／塩川千夏・村井則夫訳　5000円

1067 憲法パトリオティズム
Y. W ミュラー／斎藤一久・田畑真一・小池洋平監訳　2700円

1068 カフカ　マイナー文学のために〈新訳〉
G. ドゥルーズ，F. ガタリ／宇野邦一訳　2700円

1069 エリアス回想録
N. エリアス／大平章訳　3400円

1070 リベラルな学びの声
M. オークショット／T. フラー編／野田裕久・中金聡訳　3400円

1071 問いと答え　ハイデガーについて
G. フィガール／齋藤・陶久・関口・渡辺監訳　4000円

1072 啓蒙
D. ウートラム／田中秀夫監訳　4300円

1073 うつむく眼　二〇世紀フランス思想における視覚の失墜
M. ジェイ／亀井・神田・青柳・佐藤・小林・田邉訳　6400円

1074 左翼のメランコリー　隠された伝統の力
E. トラヴェルソ／宇京賴三訳　3700円

1075 幸福の形式に関する試論　倫理学研究
M. ゼール／高畑祐人訳　4800円

1077 ベラスケスのキリスト
M. デ・ウナムーノ／執行草舟監訳，安倍三﨑訳　2700円

1078 アルペイオスの流れ　旅路の果てに〈改訳版〉
R. カイヨワ／金井裕訳　3400円